社会科授業づくりの理論と方法

本質的な問いを生かした科学的探求学習

渡部 竜也・井手口 泰典 著

JN022016

明治図書

はじめに

　筆者が森分孝治氏の著書『社会科授業構成の理論と方法』（明治図書，1978年）に出会ったのは，大学学部時代であるから，1990年代の後半ということになる。その頃，歴史教師になりたかった自分としては，子どもに好き勝手に歴史を調べさせて発表させる「主体的な学び」タイプの授業を過剰に賛美する傾向のある大学の教育学（特に教育方法学）の講義に飽き飽きしていた頃で（筆者はこうした授業を反知性主義だと感じていたし，放任＝無責任に思えた），かといって歴史学の成果を延々と解説する高校の歴史教師を好きになれず，悩んでいた。筆者は当時（大学3年次），東洋史のゼミにいたのだが，卒論の準備に向けてその頃から少しずつ読み進めていた漢語の文献を見ていても，これを子どもたちに読ませるわけにはいかないだろうし，当時町の小さな塾（どちらかといえば，成績は公立学校の中くらいかそれ以下の子どもたちが多く通っていた）で塾講師をしていたのだが，英語を教えると大変人気が出たのに，歴史を教えると「うーん，普通じゃね」と中学生たちに言われ，自分の何が課題なのかが全くわからず，もういっそうのこと英語の教師になろうかなと思うようになっていた（ちなみに筆者は現在，更新していないが英語の一種免許状を持っている）。

　そのようなときに前述の書籍に出会い，筆者は少なからず自分の授業の何が課題であるのかをつかむことができるようになった。同書13〜17頁の「今日一般的にみられる社会科授業構成の原理」で解説されている「社会事象のトータルなはあく」「より詳しく，より概念内容豊かなことばで」が悲しいくらい自分の授業スタイルにどんぴしゃに当てはまっていた。同書に出会うまで，中学生たちが歴史の授業を好きになれないのは，中学校の歴史教師が歴史の中身について十分な理解のないまま大雑把に教えていることに原因があると筆者は考えていた。もっと歴史の事実について詳細かつ包括的に教えていけば，子どもたちはより歴史の全体像を描けるのではないかと考えて，高校の授業かと言わんばかりに中学生に歴史を解説した。また，歴史の「オ

モシロ」エピソードを添えることも忘れなかった。平安時代の貴族の男色や江戸時代は混浴が一般的であったこと，春日局の教育，秀吉が広島城を馬鹿にした話など，いろいろした。だが，それは今思えば，塾に来ていた中学生たちを教えている中学校の社会科教師たちもおそらく筆者と同じことをやっていたのだと思う。子どもたちはその教え方では駄目だと感じているから塾に来ているのに，結局同じことを自分はやってしまっていたのだから，評価されるわけがない。同書17〜21頁にある「今日の社会科授業の問題状況」，すなわち「教材過剰」「事象の断片的羅列的学習」「転移しない知識」「知的に挑戦しない面白くない授業（「なぜ」を問い，じっくり問題を読み解いていくことをしない授業）」を，その気はなく自分も生み出していたのである。

　同書で森分氏が提案している科学的探求学習とでも呼ぶべき授業理論は，その後筆者が実際に高校現場，特にあまり学力が高いと言えない学校で力を発揮した。同書を最初読んだときは進学校向きかなと筆者は感じていたのだが，実際は違った。むしろ進学校（といっても筆者が勤めていた高校の子どもたちは圧倒的に中堅私立大学志望者が多く，偏差値60に届くかどうかの学校だった）の子どもたちは，2年生くらいから私立文系への対策を望むため，穴埋めプリントを欲したし，同僚は1問1点（計100問）の事実確認型テストを中間・期末試験で実施したため，科学的探求学習をしても「それはそれで面白いが，今はとにかく受験に通ることだ」といった熱によって排除されやすかった。しかし，筆者の予想を裏切って，偏差値40を下回る高校で，その威力を発揮した。そのときに筆者が子どもたちに投げかけた問いは，現代社会の授業だったこともあって，「なんで政府は今，聖域なき構造改革で郵便局をやり玉に挙げているんだろう」「今は莫大な黒字である年金なのに，どうして将来年金が支払われなくなるかもしれないと言われているのか：積立方式と賦課方式」などであった。ただ，決してレベルの低いものをやったつもりはない。最初はそこの子どもたちは筆者の話を面倒くさそうに聞いていた。発問に応じるわけもない。「なんでなんでしつこい」と言われ，「まあええけぇ，解説してや」といった調子だったが，彼らの考えている世界と全

然違う世の中の実態があること，いやむしろ，彼らが薄々肌で感じていたことが事実であったことを確認するにいたって，そしてその頃進展していた聖域なき構造改革は自分たち既得権益のない者たちの味方であるどころか，第三次産業が中心となる日本社会において，強烈な実力主義の競争社会（ほとんど勝ちが約束されていない無限の競争）に彼らを連れ出すこと，そして既得権益をもつ者がこの競争でも有利であることを感づくことによって，彼らの間に危機意識が芽生えてきた。年金だって，払っている人が将来馬鹿をみることになる確率よりも，払っていなかった（払えなかった）人が自己責任だと言って将来福祉から切り捨てられる確率の方がずっと高いことを彼らは理解し，自らの親の言うことが全く正しくないことを自覚するようになった。

　筆者にとって衝撃的だったのは，別に進学校ではないので，進学指導をする気などさらさらなかったのに，教室の何人かが「大学に行きたい」と言い出したことだった。ある子どもたちは，「なぜって自分は考えるのが嫌いだったけど，この授業で世の中の読み解き方が少しわかった気がする。もっと大学でなぜを考えたい」と言っていた。

　もう一つ驚いたのは，彼らの親たちの反応である。家族のうちの誰も大学に行っていないような家庭の子たちなので，子どもが大学に行きたいなどと言ったら，「無駄なお金だ」と言って反対するのかなと思っていたら，逆の反応で，むしろ熱烈歓迎といった感じであった。英語の塾講師の時代にも個人的に経験してきたことなのだが，学歴がない親ほど，子が勉強することについて喜ぶ傾向があるようだ。

　こうした経験もあって，筆者は2005年に東京学芸大学の講師職に就任して以来，社会科教育法の授業で，同書を教科書に指定し，科学的探求学習を学生たちに教えてきた。ただ，同書の中身がだんだん時代に合わなくなってきていることは確かだ。事例も「水道管が鉛管」だとか「ヤクルトの瓶がプラスチックに……」など，今の学生にはピンとこない。「幕藩体制」の授業も，今では完全否定されているような歴史学説に基づいて作成されている。同書の中で森分氏が批判の対象にしている各種の民間研究会などが開発した社会

科の授業理論も多くが1960年代から70年代のもので，時代に合っていない。そして何より，教育学が発展してきて，森分氏が主張していることのいくつかが，明らかに学説に合わなくなってきている。「知的に面白い」授業をテクニカルに教室で実施することは大切なことかもしれないが，それだけで授業が成り立つのは比較的に学力の高い子どもたちだけであり，多くの子どもたちには別の学びの「意味づけ」が必要となることを，「正統的周辺参加」論などに依拠する研究者が指摘するようになり，また実際にそれを裏づける実証的なデータも存在する。また，昨今では，森分氏が哲学的に保持してきた「事実と判断の二元論」という前提それ自体，もはや正当化することが難しい。

　さらに，本書で筆者が繰り返し述べているのだが，学校現場で実際に行われてきた科学的探求学習は，『社会科授業構成の理論と方法』で論じられているような，「指導された討論」によって子どもたちの主体的な探求を支援する，といった姿からはほど遠い，教師のご都合で一方的に授業が展開していくようなものが多い。これは，教師側が何かしらの知識（法則・理論や概念）を教えるために探求学習を組織していることで生じている現象と言え，法則・理論や概念の教授を重視する地理や政治・経済といった社会科学の領域で行うのであれば，それはそれでよいのかもしれない。しかし，あくまで何が起きたのか事実を捉えることに重きを置く人文学領域である歴史領域，つまり総合科学的な存在とも言える歴史領域においては，何かしらの理論や概念を先に設定して授業を組織することは，矛盾した行為に筆者には感じる。何か特定の理論や概念を教えるための歴史は，ある意味で歪んだ，一面的な歴史認識を容認することになる。歴史領域は歴史的事実を探ることに重きを置くのであれば，理論や概念の学びは副次的に生じるものでなければならず，まず重視するべきは，探求それ自体の方法を学ぶことで，実際に一人一人が歴史で何が生じたのか，なぜ生じたのか，事実を探求し続けることができるようにしていくことでなければならないのではないだろうか。そのためには，知識から授業を組織するのではなく，問いから授業を組織するやり方に転換

せねばならない。こうした問題意識から，このたび，筆者は新たなる科学的探求学習の理論書を執筆する決心をした。

　なお筆者は，本書の示す理論が社会科（歴史）教育の本質であって，四六時中，この理論に基づいて授業をするべきである，とは考えていない。社会科（歴史）の授業はもっと多様であってよいし，そうあるべきだ。その方が民主主義社会の形成者の育成に寄与するところは大きい。ただ，教育政策も教育学も主体的な学びを過度に強調する傾向にある最近において，また旧態依然の事実網羅と統制の学習に固執する教師が少なからず存在している今日の学校現場の現状において，どちらの勢力からも科学的探求学習は軽視される傾向にある。筆者はこの学習を学校現場から消すことには強く反対だ。これが民主主義社会の形成者を育成することを教科目標とする社会科（当然歴史も含む）の中で大きな役割を果たすことは，この学習法を行ってきた者であれば，誰もがうなずく部分であろう。私たちは，改良を加えながら，この学習を継承せねばならない。

　なお，本書で示されている理論は筆者が森分氏の提唱したものを独自で解釈し改良を加えたものである。当然のことながら，それらの全てを森分氏やその思想的継承者たちが承認するものではないことは断っておきたい。本書に記載されていることの責任は全て著者のみが負う。

渡部　竜也

Contents

第 1 章

科学的探求学習の特長

２つの指導計画を紹介しよう。どちらも筆者が作成したものである。江戸時代前期の産業の発達について，新学社の中学校版『歴史資料集』（2007年）に掲載されている資料（本書224頁の「参考」を参照のこと）をできるだけ活用して，指導計画の形に仕立てた。

　中学校や高等学校の日本史の授業の中でも，荘園の成立だとか武士の台頭，惣村の発達，土一揆の発生，中世の貨幣経済の浸透などといったところを教えるのは苦手だ，という教員の方は少なくないのではないか。そしてこの江戸時代前期の産業の発達というところも，主な新田開発の名称と場所（年代），この時代に登場した農具や肥料の主な名称と機能・用途，航路・中継地・船の名称，そして商品作物や特産物の名称と場所と，嫌になるほどの情報量だ。この全てを教えなくてもよいですよ，この時代の特質がわかるように教えたらよいですよ，と学習指導要領も指摘しているが，ではどれを教えて，どれを教えなくてよいのか……若い教師の中には，見当もつかない人も少なくないのではないか。ちょっと慣れてくると，「新田開発が盛んになり農具・肥料が改良され，新しい航路も生まれて，多くの物産が江戸や大坂に流れた」「大坂は商人の町，江戸は武士の町」「大坂には多くの米や商品作物が集まり，一部は加工されて江戸や全国で高値で取引された」の３点くらいにまとめて，時系列（生産→運搬→消費）に並べて物語的に語りながら，細かな情報は事例としてできるだけ効率よく，かつ満遍なく教えよう，とするのではないか。もしかしたら，今どきだから，子どもたちに飽きさせないように，穴埋めプリントに用語を書き込むような授業は避けてパワーポイントで授業を行い，現物の写真や映像を活用したり，YouTube で見つけた動画を取り入れたりして，子どもたちの視覚や聴覚を刺激するような工夫もするかもしれない。情報はできるだけ抑えたいところだが，資料集が「こうぞ・みつまた・煙草・藺草」などの商品作物に触れていないのは気になるし，農書も宮崎安貞だけでは不安なので，ついつい追加情報が増えてしまうかもしれない。

江戸時代前期の指導計画Ａ

①生類憐れみの令と綱吉（50分×１）

②江戸・大坂の繁栄と地方の産業の発展（50分×１）〔本時〕

③江戸の町の整備（50分×１）

④元禄文化（50分×２）

小単元「江戸・大坂の繁栄と地方の産業の発展」

	主な発問	子どもの予想される反応・つかませたい知識
導入	前時までの復習（省略）	※綱吉の時代の政策について再確認。
	《本時の課題提示》 MQ：綱吉の時代にはどのような産業が発達したのだろうか。	
展開1　地方の米づくりの発展	SQ１：江戸時代前期農村の様子はどのようなものだったのだろうか。	
	○資料㉘－３を見てください。江戸時代に入って全国の米の生産が次々に増えています。その理由を考えてみよう。	・耕地面積が増えているので，新田開発が進んだのではないか。 ・農業技術が進んだのではないか。
	○全国の新田開発の実態についての資料㉘－１，㉘－２を見て，わかることを発表してみよう。	・全国各地で新田開発が進んだ。 ・米の生産量が江戸時代の初め頃に比べて２倍近くになった地域もある。
	○農具はどのように発明・改良されたのだろう。資料㉘－４から考えてみよう。	・農具の発達で農業労働が飛躍的に効率化した。 ※千歯こきや唐箕については，教師の側から具体的な使い方の説明をする。 ※この時期の肥料の改良についても補助説明する。
	○『農業全書』とは何だろう。（資料㉘	・1697年に宮崎安貞が編集した，穀物や特産

	－5）	物栽培の指導書である。こうした本の広まりも，農業技術の改革に大きな影響を与えた。 ※大蔵永常『広益国産考』，佐藤信淵『農政本論』についても教師が紹介する。
展開2 商品作物の開発	○米以外に，江戸時代ではどのような作物の栽培が広がったのだろうか。資料㉘－6から確認してみよう。	・紅花，藍，菜種，綿，麻，茶。 ※他にも，こうぞ，みつまた，煙草，藺草などについても補助説明する。
	○それぞれ，何を作るために江戸時代に栽培されるようになったのだろうか。	・紅花・藍→染料 ・菜種→油　・綿・麻→繊維
	○こうした別の製品の原料になるために高値で取引された作物を何と言うのか。	・「商品作物」。地域で簡単に加工されることもあった。（資料㉘－7）
展開3 特産物	○地方ではどのような特産物が作られるようになったのだろうか。資料㉘－8から確認してみよう。	※綿織物が全国で広く普及しているが，これは綿花栽培と関係することを押さえておく。 ※絹織物の原料（生糸）は，江戸時代初期までは輸入に頼っていたが，徐々に国産の原料が使われるようになったことを補助説明する。
	SQ2：このように地方で作られた米や商品作物，特産物は，どこに，どのようにして集められたのだろうか。	
展開4 航路の整備	○どこに米や商品作物，特産物は集められたのだろうか。	・大坂，江戸（大都市）
	○大坂や江戸には，どのように運ばれたのだろうか。資料㉙－11を見て確認してみよう。	・北前船を使った。 ・河村瑞賢により整備された「西廻り航路」が大坂への運搬航路として活用された。江戸へ運ばれるときは「東廻り航路」が活用された。 ・途中の港である「酒田」「新潟」「三国湊」などが栄えた。
	SQ3：江戸や大坂はどのように繁栄し	

	たのだろうか。	
展開5　商業都市大坂	○江戸や大坂に運ばれた米はどこに集められたのだろうか。資料㉙-5から考えてみよう。	・運河沿いにあった（資料㉙-7）諸藩の蔵屋敷。
	○諸藩の蔵屋敷に集められた米は，どのように処理されたのだろう。資料㉙の頁を見て確認してみよう。	・米市場で米問屋（商人）に売却された。大坂の「堂島米市場」は日本最大の米取引が行われた市場で，ここでの米相場が全国に大きく影響を与えた。「先物取引」なども行われた。（資料㉙-9） ・普段は「蔵元」と呼ばれる人が蔵屋敷を管理していた。彼らは藩の役人である場合と，米問屋が兼任する場合とがあった。 ・米問屋は米屋に米を売った。庶民は米屋から米を買って食べた。（資料㉙-5）
	○大坂に集められた「商品作物」は，どうなったのだろうか。資料㉙-10から確認しよう。	・大坂で加工されて江戸や全国に送られた。 ・米→酒　　　　　・胡麻→胡麻油 ・菜種→菜種油　　・大豆など→醤油 ・木綿・絹→呉服（西陣織・京友禅）
	○大坂で加工されたものは江戸で何と呼ばれたのか。（資料㉙「それってホント!?」より）	・「下り物」と呼ばれて珍重された。
	○江戸に送られるときには，どのような航路がとられたのか。資料㉙-11から確認しよう。	・江戸に送られるときは，「菱垣廻船」「樽廻船」が使われ，南海路から運ばれた。
まとめ	MQ：今日の学習をまとめよう。	
	○次回は，江戸や大坂の庶民生活について考えてみよう。	（省略）

※全国中学校社会科教育研究会編集『歴史資料集』新学社，2007年，86～89頁の構造を参考にした。

15

江戸時代前期の指導計画B

①元禄文化（50分×１）

②江戸・大坂の繁栄と地方の産業の発展（50分×１～２）〔本時〕

③江戸の町の整備（50分×１）

④幕府財政の悪化と正徳の治・享保の改革（50分×２～３）

小単元「江戸・大坂の繁栄と地方の産業の発展」

	主な発問	子どもの予想される反応・つかませたい知識
導入（前時までにやっておいてもよい）	《前時までの復習》 ○17世紀後半の「元禄文化」と，16世紀の「桃山文化」の違いを確認しよう。	・桃山文化は武士中心で，きらびやかで荘厳な特質をもつ。 ・元禄文化は，江戸の武士だけでなく大坂商人が担い手として登場する。派手ななかにも遊び心がある。
	○商人が「元禄文化」の担い手であることがよくわかる作品を紹介してください。	・義太夫と近松門左衛門の人形浄瑠璃＝竹本座（大坂），代表作「曽根崎心中」（商人の話） ・大坂で活躍した井原西鶴の『好色一代男』（商人の話），『世間胸算用』（商人を取り上げた話）など
	○これまで日本史の中で登場する「○○文化」の特質とこの「元禄文化」の特質には決定的に違うところがある。それは何だろうか。	・日本の歴史上初めて，「為政者や支配階級＝文化の担い手」の図式が壊れている。
	○今の文化の担い手は「天皇」や国会議員だと思うか。 《本時の課題提示》	・日本史上，被支配層が本格的に文化の担い手になる最初が「元禄文化」と言える。これは今では当たり前になったことが，この時代から生じたことであると言える。
	EQ（本質的な問い）：どのような体制が生まれたことが，私たちのような被支配層を文化の担い手にさせているのか。	・大坂の商人に力があったのではないか。 ・文化を担えるだけの財力をもったのではないか。

MQ：なぜ17世紀の元禄文化は（江戸ではなく）大坂の商人たちの間で特に花開いたのだろうか。なぜ大坂の商人は，文化の担い手になるほど，この時代に成長したのだろうか。	・大坂は商品が集まりやすい地形上の有利な点があるのではないか。 ・「武士の町江戸，商人の町大坂」と言うので，大坂には江戸よりも多くの商人が住んでいたのではないか。

展開1　江戸と大坂の都市の特質

SQ1：大坂の町の特質は何か。

○江戸の地図（資料㉙－2）と大坂の地図（資料㉙－7）を比較して，江戸と大坂の住人の特質を比べてみよう。	・一見すると大坂の方が多くの町人（商工業者）が住んでいるように思えるが，それは地図の縮尺が異なることによる目の錯覚であり，実際は商工業者の住居地は同じくらいの面積である。江戸にも下町（低地帯）に多くの商工業者が暮らしていたと思われる。 ・江戸は大坂より武士が多く住んでいる。 ・大坂の地図（資料㉙－7）には市場がたくさんある（米市場・魚市場・青物市場）。 ・大坂の地図（資料㉙－7）には「蔵屋敷」と呼ばれるものが中之島を中心に点在している。
○なぜ江戸には大坂より圧倒的に多くの武士が住んでいたのだろうか。	・幕府があったことに加えて，参勤交代制度が確立して諸藩の大名屋敷ができたから。17世紀中頃までにその多くは完成し，江戸に武士人口の増加をもたらした（男だらけの江戸）。
○「蔵屋敷」とは何か。誰の持ち物か。何を管理するところだったのか。	・「蔵屋敷」は全国の諸大名（諸藩）の持ち物。地方の諸藩は，自分の領地で生産された米（年貢米）を，船で大都市の「蔵屋敷」まで運んで保管した。（資料㉙－8）
○江戸には「蔵屋敷」や「市場」はなかったのだろうか。 （教師が補足資料を出す）	・実は江戸にも蔵屋敷や市場はあった。 ・蔵屋敷の数は大坂の方がずっと多かった。 ・日本橋の魚河岸（魚市場）は有名（資料㉙－1）。神田須田町辺りに青物市場もあっ

		た。ただ大坂の堂島米市場に匹敵する米市場は江戸には存在しなかった。（資料㉙－9）
		・江戸の場合，地方の諸藩の年貢米以上に，天領（幕府領地）からの年貢米が大量に入ってきた（浅草蔵前に蔵があった）。
	SQ1：大坂の町の特質は何か。	・大坂は江戸と比べて商工業者が多いというより武士が少ないと言った方がよい。米が多く集まるのは江戸も大坂も同じだが，大坂は地方の諸藩からの米がより多く集まった。
展開2 蔵屋敷と米市場	SQ2：なぜ地方の大名は大都市（特に大坂）の蔵屋敷に米を運んだのだろうか。	・売却して儲けるのかな。 ・地元で売却するより儲かるからかな。
	○諸藩によって蔵屋敷に集められた米は，その後，どうなるのだろうか。	・米市場を通して「米問屋」に売却された（蔵屋敷は米市場のそばにある）。（資料㉙－5） ・普段は「蔵元」と呼ばれる人に倉庫の管理を任せていた。蔵元は藩の役人である場合と，米問屋が兼任する場合とがあった。 ・米問屋は米屋に米を売った。庶民は米屋から米を買って食べた。
	○なぜ地方の諸藩は年貢米をわざわざ大都市に運んで米を売却するのだろうか。どのようなメリットがあるのか。	・大名の領地で米を売るよりも，人口が集中する都市で米を売った方が高い値がつく（米を生産しない人たちが大量に住んでいるので）。 ・大きな市場には買い手（米問屋）も多いので，たくさんの米を一斉に売却できるため，すぐに多くの現金を入手できる。
	○なぜ江戸には大坂の堂島米市場のような規模の米市場が成立しなかったのだろう。	・幕府の市場介入も多く，取引の旨味が少なかったからと言われている。そのため諸藩の蔵屋敷も江戸には少なかった。

（教師が補足資料を出す）

SQ2：なぜ地方の大名は大都市（特に大坂）の蔵屋敷に米を運んだのだろうか。	・人口集中地域であり大きな市場もある大坂は，多くの米を高値で換金できるため，大名は蔵屋敷を大坂に建てて領国の米を運んだ。
SQ3：いつ頃から諸大名は大都市（特に大坂）に蔵屋敷を建てて年貢米を運ぶようになったのだろうか。	・蔵屋敷は豊臣政権の頃から登場したが，急激に増えたのは17世紀後半くらいからだとされる。1670年頃には80の藩が蔵屋敷を大坂に設けたとされる。
SQ4：なぜ17世紀後半より前に，地方の諸大名の多くは年貢米を大都市（特に大坂）の蔵屋敷に運んで売ることをしなかったのだろうか。	・（資料㉙－11から）17世紀後半以前は，地方，特に日本海側から大量の物資を江戸や大坂に安全に運ぶための輸送路がなかった。
○新しいルートで，どのように米は江戸や大坂に運ばれたのだろう。	・新ルート（「西廻り航路」「東廻り航路」）を開拓したのは，商人の河村瑞賢であった。このルートの開拓で，北前船を使って北日本や日本海側を所領とする諸藩は安全かつ大量に江戸や大坂まで米を運べるようになった。 ・日本海側の大きな河川の河口にあり荷物の積み替えが行われた「新潟」「酒田」「三国湊」などが栄えた。（資料㉙－11）
○それまで日本海側の米はどのようにして大坂や江戸に運ばれていたのだろう。（教師が補助資料を出す）	・上方へは敦賀から琵琶湖まで陸路で米が運ばれ，その後大津を経由するルートだった。江戸へは銚子で積み替えて利根川を利用するものだった。特に険しい陸路を間に挟む上方へのルートは大量輸送が難しいものだった。
○なぜこの時期に航路の開拓が可能になったのか。	・徳川政権による支援があった。←徳川政権による平和な社会があった。

展開3 航路の整備

	SQ４：なぜ17世紀後半になって，地方の諸大名は年貢米を大都市（特に大坂）の蔵屋敷に運んで売るようになったのだろうか。	・江戸や大坂に物資が運ばれるようになった背景には，17世紀後半からの幕府主導の水運の整備があった。
	SQ５：江戸や大坂と航路が結ばれたことで，どのような変化が地方で生じたのだろうか。	
展開４　新田開発ブームと米の増産	○江戸や大坂と結ばれた諸藩は，より利益をあげるために，どのようなことをしたのだろう。資料から確認してみよう。	・新田開発をした。（資料㉘－１，㉘－２） ・肥料や農具の改良が行われた。（資料㉘－４） ・米だけでなく商品作物や特産物も作られた。（資料㉘－６，㉘－７，㉘－８） ・農業書（『農業全書』『広益国産考』など）が現れ，藩の役人や農民が本から知識や技術を学ぶようになった。（資料㉘－５） ※農具については，その仕組みについて補足説明をする。「干鰯」など金肥についても触れておく。
	○新田開発が最も盛んだったのはいつ頃なのか。また一番盛んだった地域はどこなのか。その理由についても考えてみよう。	・16世紀後半から17世紀前半にかけての100年間が最も耕地面積が広がり（1.5倍になった）（資料㉘－３），米の増産も顕著である。それを裏づけるように，主な新田開発の多くがこの時期と一致している（資料㉘－１）。また開発は北陸・東北地方が顕著で，航路の開発が，新田開発ブームを促したことがわかる。
	○瀬戸内海周辺の開発率が高くないのはなぜだろう。	・瀬戸内海沿岸はすでに鎌倉・室町時代に開発が進み，年貢米を都市部に運ぶことも商人などの手によって行われていた。そのため，江戸時代の新田開発率はあまり高くない。
	SQ５：江戸や大坂と航路が結ばれたことで，どのような変化が地方で生じた	・全国（特に北陸・東北地方）での新田開発ブームを呼んだ。また農業技術の進歩を生

のだろうか。	み出し，米の生産量が飛躍的に増大した。
SQ6：しかし資料㉘－3を見ると，18世紀に入ると米の石高の伸びも緩やかになり，耕地面積もあまり増えていない。これはいったいなぜなのだろうか。何が生じたと考えられるだろう。	・米価が値崩れしたのではないか。 ・当時の技術で開発できる農地が100年間で国内からほぼ消滅したのではないか。
○実際，米の増産は18世紀に入って慢性的な米価安を生んだ。これは当時どのように表現されたのか。	・「米価安の諸色高」
○「諸色」とは何か。	・米以外のいろいろな物のこと。
○18世紀に入り，米に限界が見えてくる中で，地方の諸藩は何に活路を見いだしたのだろう。	・「諸色」の生産に活路を見いだそうとした。諸藩は，染料や織物，油，醤油などの加工品の原料となる「商品作物」の生産により力を入れるようになった。また諸藩は，塗り物，鉱物，塩，焼き物，和紙，綿製品，絹製品などの地方の「特産品」の開発により力を入れるようになった。
○商品作物，例えば綿製品の原料となる綿花を栽培することが，なぜ米の生産よりも有利になるのか。全国で綿花が栽培されたら，綿花の値段も下がるのではないか。	・資料㉘－8から，綿織物の産地が東北地方にないことがわかる。つまり綿花栽培には暖かな気候が必要となる。このように商品作物の多くは栽培できる地域が限られていることが多く，米より競争相手が少なかった。 ・砂糖や朝鮮人参など，特に栽培地域が限定的であった商品作物は付加価値が高く大きな利益を生み出し，藩の財政を支えた。
SQ6：18世紀に入ると石高の伸びも緩やかになり，耕地面積もあまり増えていない。これはいったいなぜなのだろうか。何が生じたと考えられるだろう。	・米価の値下がりや新田開発の限界が見られるようになる中で，諸藩は高値で取引される商品作物の栽培や特産物の生産により力を入れるようになった。
SQ7：なぜ地方の大名たちは自分たち	・売れるように加工できなかった？

左帯：展開5　商品作物や特産物開発へと転換

の領内で商品作物を加工させて江戸や大坂に売らないのか。	
○木綿，菜種，藍，紅花などの商品作物は，主にどこに運ばれ，加工されたのか。	・上方（京都と大坂）が多い。特に染料である藍と紅花はほとんどが上方行きであった。 ・資料㉙－10にあるように，大坂には菜種，胡麻などが入荷され，菜種油，胡麻油として出荷されている。大坂は加工場でもあった。 ・綿糸・生糸は地方で反物の形にされることはあったが，呉服への加工は上方でなされた。
○なぜ商品作物の多くは大坂方面に運ばれたのだろう。	・資料㉙「それってホント!?」にあるように，大坂や京都の職人は，江戸の職人より技術が高く，彼らが生産する品物は高値で売られた。 ・江戸で上方の品は「下り物」として珍重され，逆に江戸での加工品は「くだらない物」と言われて二級品扱いされた。 ・技術がない土地の人が下手な加工をするよりは，原料のままで（または反物のように簡単な加工だけして）大坂や京都に持っていって買ってもらった方が利益が大きいことが多かった。 ・商品作物を大坂や京都に運んで高値で買ってもらい，その金で大坂や京都の上級の品物を購入して途中地で売ることで，二重の利益を得ることもできた（「のこぎり商売」と言う）。
○大坂や京都で加工された製品が最も多く運ばれたのはどこか。どのように運ばれたのだろう。	・江戸である。大名から庶民までこぞって上方の製品を愛した。 ・「南海路」を通って，菱垣廻船（木綿，塩，紙，呉服など），樽廻船（酒や醤油，油など）が品物を運んだ。（資料㉙－11） ・江戸から大坂に運ばれる商品はほとんどな

展開6　大坂の繁栄

	かった。
○なぜ江戸には高い加工技術をもつ職人があまりいなかったのだろう。	・徳川家康が江戸の町をつくる際，まだ豊臣政権が存続していたため，大坂や京都の技術者を呼び寄せるわけにいかず，自分の元の領地である愛知や静岡の人間を呼び寄せたことが原因であるとされる。
SQ7：なぜ地方の大名たちは自分たちの領内で商品作物を加工させて江戸や大坂に売らないのか。	・大坂（京都）には高い技術をもつ職人集団がいたので，他の地域はなかなか太刀打ちできなかった。むしろ下手な加工をせずに商品作物を買ってもらい，その利益で大坂や京都の製品を買って途中地で売った方が利益が大きかった。
MQ：なぜ17世紀の元禄文化は（江戸ではなく）大坂の商人たちの間で特に花開いたのだろうか。なぜ大坂の商人は文化の担い手になるほど，この時代に成長したのか。	MA： ・17世紀に日本の全国航路が完成したことにより，全国の諸大名が江戸や大坂に物資を運ぶことができるようになった。 ・地方の諸大名は新田開発などを通して米の増産を図り，それを大都市（特に大きな米市場があった大坂）に運んで売っていたが，米価が下落するようになったので，特産物や商品作物の生産も重視するようになった。 ・大坂や京都には伝統的に高い技術をもつ職人が多く住んでおり，全国から集まってきた米や商品作物を加工し，江戸や全国に送り出して莫大な利益をあげた。 ・他の地域ではこれをまねることがなかなかできなかった。むしろ地方は大坂に原料を送り，その利益でそこの良質な製品を買って途中地で売った方が利益は大きかった。 ・富は大坂の商人に集まり，大坂では商人中心の文化がおこった。
○このような「大坂の商人の台頭」と「米価安の諸色高」が続く経済体制の中で，一番利益をあげたのは「武士」	・一番利益があったのが上方の商人，そして職人である。商品作物を作ることのできる農民や藩はその次にくる。米生産に依存す

まとめ

23

	「農民」「職人」「商人」のうちの誰だろう。一番，利益を失ってしまったのは誰だろう。	る農民や藩はだんだんと経済的に厳しくなり，それすらままならない農民や藩はより厳しい状況となる（貧富の差の拡大）。一番大きな被害を被るのは，米で俸禄をもらう城勤めの武士たちであり，諸色が高いことで出費は大きくなるのに米価安で収入は減り貧困化するため，武士の威厳が失われてしまう事態が生じるようになってくる（士農工商の逆転現象）。 →武士社会の威厳，そして藩や幕府の財政の再建のために，経済対策が必要となる（享保・寛政・天保の諸改革などにつながる）。
	EQ（本質的な問い）：どのような体制が生まれたことが，私たちのような被支配層を文化の担い手にさせているのか。	・これまでの日本社会において富は徴税権力をもつ者に独占されてきたが，江戸時代という平和な社会において大量の生産物を市場を通して安全にやりとりすることができる社会となると，知識や技術のある者たち（商人や職人，知識人）のところにもかなりの富が集まるようになり，彼らの富の総量は徴税権力をもつ者の富の総量を上回るようになった。彼ら新興勢力の発言力は大きくなり，同時に文化を担えるまでになった。平和な社会と，広く交易ができる体制，そして余剰生産の増大がこれを可能にしていると言える。（など）
応用	○今日学習したことは，今日社会と共通性はないだろうか。	・政権の安定と航路の発達が自由な交易を生み，農業生産の増大と産業の発展を生む。自由経済において勝者になる者（地域）は特別な知識や加工技術のある者（地域）であり，その次に資源・原料供給者（地域）となる。一番苦しいのは，そのいずれもない者（地域）となり，貧富の格差が広がる……というのは今日の世界規模の市場経済と同じである。（など）

※全国中学校社会科教育研究会編集『歴史資料集』新学社，2007年，86〜89頁の資料を参考にした。
※ただし，同上の資料集の構造は無視し，組み替えている。

　実は，指導計画Aはそんな本書12頁の発想に基づいてつくった計画である。そこに見られる授業構成上の特質は，次の第2章でも示すように，「社会事象のトータルな把握」「より詳しく，より概念内容豊かな言葉で」というものである。おそらく今日の学校の歴史授業の多くがこうした構造を大なり小なりもっているのではないかと思われる。

　これに対して指導計画Bも，新学社の資料集に掲載された資料をできるだけ網羅するようにしている。情報量は指導計画Aと同じかそれ以上である。しかし，よく見てほしい。情報量や小単元にかける時間だけでなく，他にも多くの違いがある。

　まず，問いが体系的・構造的に組織されている。具体的に言えば，中心発問が設定され，それをできるだけ短い時間で子どもたちが探求活動を通して解き明かすことができるように，中小の問いが入れ子構造で組織されており，教師が指南する道筋が具体的に設定されている。こうした道筋で設定されている中小の問いは，唐突に問いが教師側から投げかけられているような印象を子ども側に与えないように，問いの直前に行われていた活動を踏まえて問いが投げかけられている。例えば，冒頭の展開で教師は，江戸の商人ではなく大坂の商人が台頭した理由を十分には説明できない現実を子どもたちに確認した後，大坂と江戸の町の違いを比較させることで，大坂の町に問いを解くための鍵となる情報がないか探させている。子どもたちが大きな米市場の存在や蔵屋敷に秘密があることがわかると，ではそれがいつ頃から多くつくられるようになったのか，それはなぜかと教師は問いかけて，運搬手段の変化に子どもたちの目を向けさせる。さらに教師は，大坂に大量の物資を安定的に運ぶことができることで何が生じるか子どもたちに考えさせて農業生産の増大を資料から気づかせたのち，18世紀に入ると新田開発と米穀生産の伸びが鈍る事実があることを資料を踏まえて指摘して，理由を子どもたちに考えさせることで，開発の限界や米価安といった現実に気づかせていく……。いわゆる教師の「指導された討論」[*1]によって，解明した事実が次の疑問を生み，またこれを解明すると別の疑問が生まれるという，子どもにとって無

25

理のない連続的探求活動が短い時間でも教室で生じるような組織化がなされている。

　また，多くの問いが「なぜ，どうして」から構成されている。原因を追究する問いを連続的に配置することで，事実と事実とを因果関係で結びつけ，その時代の特色を構造的に捉えることができるように工夫されている。この第一のねらいは，歴史とは詳細かつ断片的な事実の集合ではなく，因果律で結びついた構造であると子どもたちに認識させることにあり，また可能であれば，子どもたちはその時代（ここでは江戸時代前期）固有の全体構造を説明することのできる理論，社会学者マートンの言葉を使うなら「中範囲理論」と呼べるような知識を獲得することが期待されている[2]。

　さらに，「本質的な問い（Essential Question）」が設定されており，時代を超えて社会的事象を説明することができるような，いわゆる「普遍的理論」を子どもたち自身がつかみ取ること（構築すること）が要求されている。このことで，歴史の学びが現代世界の社会認識に結びつくように配慮されている。

　この指導計画Ｂは，森分孝治氏がかつて『社会科授業構成の理論と方法』の中で提唱した授業構成論に基づいて，筆者がこれにアレンジを加えて組織したものであり，いわば「科学的探求学習」とでも呼ぶべきものである。本書でこれから論じていくのは，この科学的探求学習の話である。

　本書では，第２章で現在の中学や高校の学校現場の一般的な歴史授業の問題点について論じる。第３章では，科学的探求学習が，どうして民主主義社

＊1　アメリカ合衆国で出版された『ウィリー社会科研究ハンドブック』2017年版の「鍛錬された探求（disciplined inquiry）」の章では，「導かれた討論（guided discourse）こそが，鍛錬された探求にとって必要となる専門性を段階的に発達していくように足場かけをするための認知的戦略の唯一の要素である」と記載がある。Saye, John W., Disciplined inquiry in social studies classrooms, in Manfra, Meghan M. and Bolick, Cheryl M. *The Wiley Handbook of Social Studies Research*, John Wiley & Sons, Inc. 2017. また，森分氏も子どもたちの探求活動の質を高めるために「指導された討論（a directed discussion）」が重要であることを指摘している。森分孝治『社会科授業構成の理論と方法』明治図書，1978年，164〜165頁。
＊2　この中範囲理論は，その時代を大観することを可能にする知識であると言え，原田智仁氏らが歴史教育で積極的に取り入れることを推奨してきた。原田智仁『世界史教育内容開発研究—理論批判学習—』風間書房，2000年。

会の形成者を育成することを教科目標とする社会科において特に必要となるのかについて，主に「問い」と「知識」の2点に着目して解説していく。第2章と第3章は，基本的に森分氏の『社会科授業構成の理論と方法』の考え方のかなりの部分を継承したものであるので，同書と内容的に重複する部分が特に多いことについて先に断っておきたい。

　中盤からは，森分氏の理論から距離をとる内容，すなわち筆者のオリジナルの理論や主張を展開する。第4章と第5章では，科学的探求学習を「問い」づくりから始める形で作成するための手順について論じていく。第6章では，科学的探求学習を歴史授業に活用したときに生じやすかった問題である「現代との結びつき」が弱い点を克服するための手段として「本質的な問い（Essential Question）」に注目することを提案する。第7章では，従来の科学的探求学習のつくり方，すなわち知識を先に設定して授業づくりをすることがもたらす問題点について論じていく。第8章では，科学的探求学習以外の探求活動を重んじる学習と比べての科学的探求学習の比較優位の部分と課題となる部分について，筆者なりの見解を展開していく。

　最後の第9章では，筆者の考え方に基づいて，中学校の現役社会科教師の井手口泰典教諭が作成した「古代の貨幣流通」「鎌倉時代の貨幣流通」の指導計画及び活用した資料，そして作成したプリントを掲載する。

第2章

今日の社会科授業の現状と課題

学校現場の授業は，ここ50年くらいで少しは変化したのだろうか。本章の考察はこの一点に尽きる。その考察をする上で，本章で参考にするのは，森分孝治氏が今から40年以上前の1978年に『社会科授業構成の理論と方法』の中で指摘している「今日の社会科授業構成の現状と問題点」について解説した箇所である。私たちは，彼の警告を少しは聞き入れることができたのだろうか。

1　今日一般的にみられる社会科の授業構成

（序文は略す）

社会科（地理的分野）学習指導案

1．日時　昭和48年10月16日（火）　14：20〜15：10

2．場所　第2社会科教室

3．学年・組　第1学年A組（男22名，女18名）

4．本時の題目　北九州工業地帯

5．本時の目標　①北九州工業地帯の特色と問題点を理解させる。
　　　　　　　　②地図や資料を使用して考える態度を養う。

6．指導の順序

学習内容	学習活動	指導上の留意点
（導入・5分）北九州工業地帯の概観	・資料集 p.21，p.23の産業地図より，北九州地方を考えさせる。発問「北，南九州の産業の違いを比較して何か気づきますか。工業はどの地域に発達していますか。」	・北九州は南九州とちがい，工業地帯があり，そこに主要産業がある事を確認させる。
（展開・40分）1　北九州工業地帯のあゆみ・官営の八幡製鉄所（1901年）	・当時の工業をおこすことの必要性を理解させた後，発問により，立地を八幡に決めた理由を考え，話させる。	・主な条件として，洞海湾，大陸の鉄鉱石・粘結炭より考えさせる。

↓ 関連工業の設置 ↓ 工業地帯となる		
2　北九州工業地帯の特色 ・重化学工業中心 ・大工場の比率大	・四大工業地帯の工業生産額の割り合いを示すグラフを黒板に掲示し，この表からわかることを読みとらせる。 ・大工場の数・従業員数・生産額の割り合いを示す円グラフを書き，気づかせる。	・金属工業中心で，鉄鋼を各工業地帯に供給する立場にも注目する。
・輸送，交通	・関門トンネル，瀬戸内の水運に気づかせる。 〜教科書を読ませる（男女2名）〜	・北九州工業地帯のあゆみと特色を確認させて，その後，問題点へ向かうために読ませ，その度に話す。
3　北九州工業地帯の問題点	・教科書に載っている問題点を発表させる。さらに，それについて考えさせる。	
（終結・5分） 本時のまとめと次時への関心	・次時は，炭田や農業であることを指示する。	・指摘された問題点を中心に，その理由・原因を考えさせる目的を持つ。それを，1と2との関連において考えさせる。

備考　教科書『新しい社会』（東京書籍）　地図帳『中学校社会科地図』（帝国書院）　資料『地理資料集《日本編》』（全教材）

　この授業は「学習内容」および「学習活動」の組織のし方からもうかがえるように，今日の平均的な社会科授業と判断されるものであろう。10月16日にこの授業がなされたのは，地歴並行学習で教科書の内容をほぼ項目の順に消化し，前時の「九州地方」の「自然の特色」をうけて，この日，「北九州工業地帯」の項となっていたからである。次時は，教科書の次の項である「北九州の炭田」と「筑紫平野の農業」の学習であることが指示されているわけである。

　使用された教科書の「北九州工業地帯」の本文の叙述は次の通りである。

1 鉄と石炭の北九州

【あゆみ】北九州は日本の西の玄関にあたり，朝鮮半島に近く，古くから大陸との交通の要地となっていた。明治以後も大陸との関係が深く，交通の便と石炭資源にめぐまれて，北九州工業地帯が発達した。北九州市と福岡は，九州の政治，経済，文化の中心地である。

北九州工業地帯　洞海湾から関門海峡にかけて，工業地帯がひろがっている。ここでは，製鉄・鋳物・化学肥料・ガラス・セメント・食品などの工業がさかんである。とくに重化学工業は，火力発電による電力を動力として発達している。なかでも，八幡・戸畑地区の鉄鋼の生産が大きいが，鉄鋼を材料とする機械工業はあまり発達せず，他の工業地帯への鉄鋼供給地となっている。

　北九州工業地帯は，関門鉄道トンネル，関門国道トンネルや瀬戸内海の海運などによって，瀬戸内海沿岸や阪神工業地帯と強く結びついている。

【北九州工業地帯のあゆみと問題】　明治の中ごろ，当時はさびしい漁村であった八幡に，官営の製鉄所が設けられ，1901年に鉄鋼の生産が始まった。この製鉄所は，たびたびの戦争によって，規模が大きくなった。製鉄所が発達すると，これと関係ある各種の工業が，八幡をはじめ小倉，戸畑，若松，門司などにおこり，また，対岸の下関にも造船や食品などの工業がおこって，ひとつづきの工業地帯となった。

　第二次世界大戦後は，大陸貿易がおとろえ，また，石炭よりも石油が多く使われるようになったので，原料や燃料を得やすいという利点が失われた。そのうえ，工業の発達に比べて，道路，鉄道，港湾などの輸送設備がととのわず，工業用地もせまく，工業用水もひじょうに不足している。京浜や阪神などの大消費地に遠いという不利な点もある。洞海湾の汚染やばい煙も大きな社会問題になっている。

　これらの叙述の他に，北九州における工業種類別・規模別の工場分布図，工業製品出荷のうちわけを示す帯グラフ，北九州市の製鉄所の写真と製鉄過程について述べたその写真の説明が，そして脚注には，「重工業」の説明と北九州工業地帯から長崎・佐世保の造船業への鉄鋼材の供給についての説明がなされ

ている。

　さて，先の授業は，教科書のこの内容を前提として組織されている。教科書では「あゆみ」を立地条件と発達の経過の二つにわけて叙述されているのを一つにまとめて「北九州工業地帯のあゆみ」として，第一の内容の柱としている。立地条件については，「なぜ」かと問い子どもに考えさせ発表させて教師がまとめ，発達の経過については教師が説明している。次に現状を「特色」としてまとめて内容の第二の柱としている。「重化学工業中心」，「大工場の比率大」という教科書の叙述と図表に示された事実を，別に教師が準備した資料すなわち四大工業地帯の工業生産額の割り合いを示すグラフ，北九州工業地帯の大工場の数，従業員数，生産額の割り合いを示す円グラフから読みとらせていき，発表させ教師がそれをまとめていく。次に，ここで生産されたものはどこにどう輸送されるかと問い，教科書に示された交通条件および鉄鋼供給地という事実に気づかせていっている。ここで，教科書を読ませ，学習した内容を教科書の叙述から確認させている。そして，北九州工業地帯には「どのような問題点があるだろうか」と問い，これが第三の柱とされている。教科書に示された問題点を子どもに説明させて教師が説明を補っていっている。これに，資料集の地図を用いて北九州に工業地帯が発達していることを確認させる導入と，教師による本時の学習内容のまとめと，次時の学習の予告とからなる終結が組み込まれている。これが授業の基本的な組み立てである。

　上の授業構成では，まず，どういう内容をどういう順序で教えるかが，教科書の内容を教えやすいようにまとめなおしたり，あるいは内容を補いながら決定され，次に，どう学習させるかが決められていっている。そして，その授業の内容は，教科書の叙述や写真およびそれらの解説に示された事実をより詳しく説明したものになっている。多くの教師が，おおまかな「指導案」を頭の中で書いて，自分の教材研究ノートにもとづいて展開している社会科の一般の授業は，これとほぼ同じような構成となっているのではなかろうか。

2　今日一般的にみられる社会科授業構成の原理

　このような授業の構成における基本的問題は，学習内容の構成をどうするかである。与えられた時間の中で，どういう内容をどういう順序で学習させていくかの問題である。この問題は，今日の社会科の学習指導では本時の学習対象

である社会的事象について，何をどういう順序でわからせていくのかということになってくる。

社会事象のトータルなはあく

上に示したような授業にみられる授業内容構成の基本的原理の一つは，学習対象である社会的事象をトータルにはあくできるようにするというものである。「北九州工業地帯」という一つの社会的事象についての学習の場合，その地理的広がり，発展の歴史，現状および特色，問題点，日本の工業地帯における相対的な位置というように，その全体的なはあくがめざされている。学習できる時間が1時間と限定されているので，ここでは立地条件の学習だけにしておくということにはならないで，たとえ与えられた時間が1時間であっても，歴史も現状も問題点もというように，できるだけその全体的なはあくができるように内容が構成されていくわけである。

社会的事象について与えられた時間内で，できるだけその全体を学習し知る，あるいは教授し説明するということは，1時間あるいは数時間の授業内容構成の原理であるばかりでなく，社会科の教科書および教科内容の編成に一貫してみられる原理である。本時の題目「北九州工業地帯」は，「九州地方」という単元中の一項目として設定されているわけであるが，「九州地方」の内容は地域的に北九州と南九州に分けられ，「自然の特色」，「鉄と石炭の北九州」，「開発の進む南九州」，「日本の中の北九州」となっている。「鉄と石炭の北九州」の内容は，産業別に「北九州工業地域」，「北九州の炭田」，「筑紫平野の農業」，「さかんな水産業」と全体的なはあくをめざすものになっている。しかし，与えられている時間が限られているので，地域別産業別に特色のあるものを中心にとりあげている。「九州地方」は地理的分野の一つの単元であるが，その地理的分野は「世界の中における日本の地理」という社会的事象の学習になっている。「世界における日本の地理」の学習は，九州から始まって北海道までの日本の全地域と，アジアから地球を回って南極を含めて世界の全地域を，というように同じくその全体的はあくがめざされている。さらに，中学校社会科の内容そのものが，「世界の中における日本」という社会的事象の学習となっており，地理的，歴史的，公民的の各分野は「世界の中における日本」を，その地理，歴史，政治，経済，社会について学習するものとなっている。歴史は関連する時代の世界史的内容を含みながら，原始時代から現代までの全てを包摂

し，公民的分野は世界における日本の政治，経済，社会，文化の全体をはあくさせることをねらいとしている。社会科に与えられた時間内で空間的，時間的，領域的にその全体的なはあくをねらいとした構成になっているわけである。

　小学校の社会科も，3学年以上の内容は，同じような原理による構成になっている。3年は自分たちの住む町，4年は自分たちの住む県，5・6年で日本，というそれぞれの，やはり一つの社会的事象について，地理，歴史，政治，経済，社会，文化という空間的，時間的，領域的に全体的なはあくがめざされ，4年，6年ではこれに比較教材としての他地域の学習が組み込まれている。

より詳しく，より概念内容豊かなことばで

　今日の社会科の授業構成および教科書，教科内容編成にみられるもう一つの基本的原理は，学習対象としての社会的事象について，与えられた時間内で，当該学年の発達段階において理解できる範囲内で，できるだけより詳しく，より概念内容の豊かなことばによって学習し知ることができるようにするというものである。たとえば，先の授業の「北九州工業地帯のあゆみ」の学習では，洞海湾を天然の港として，大陸の鉄鉱石，粘結炭を運びやすく，後背地に炭田をもつ八幡に1901年官営の製鉄所がつくられたこと，日露戦争，第一次，第二次世界大戦という戦争のたびに鉄の需要の増大から規模が拡大されていったこと，等々のことが学習されていっている。指導計画の上で与えられた12・3分という時間の中で，できるだけより詳しい内容を学習させていこうとしているわけである。また，そこで用いられることばは，中学1年の子どもが理解できるものであり，「粘結炭」とか「官営」のというやや理解困難なことばについては，子どもがすでに知っていることばで説明しなおしていくという方法がとられている。北九州工業地帯の「特色」，「問題点」の学習についても，それらに与えられる時間の中で，より詳しい内容が子どもの理解できる範囲内のことばで教授されていっている。

　より詳しい内容をより概念内容の豊かなことばによって学習することができるようにするということは，学年段階，学校段階に応じた教科内容編成の原理ともなっている。次に示すのは，手許にある小学校6年，中学校歴史的分野，高校日本史の各教科書における室町時代の内容を章，節，項目名によって示したものである。

『新編新しい社会』東京書籍	『中学社会歴史的分野』大阪書籍	『日本史』東京書籍
2 「都と地方」 吉野と京都 金閣銀閣 村の人々 町の人々	第3章 「武家政治のうつりかわり」 1 南朝と北朝 　建武の新政 　南北朝の内乱 2 室町幕府の政治と外交 　守護大名 　室町幕府 　元宋明へ 　日明貿易 3 村の自治と自由な都市 　たちあがる農村 　自由な都市と町衆 4 戦国の世 　応仁の乱 　戦国大名 5 室町時代の文化 　金閣と銀閣 　禅と芸術 　庶民文化のめばえ	2 「大名集団の形成と文化」 (1) 建武の新政と南北朝の動乱 　鎌倉幕府の滅亡 　建武の新政 　南北朝の動乱 　学芸の振興 　守護大名の出現 (2) 室町幕府の政治と文化 　幕府権力の確立 　室町幕府の構造 　応仁の乱 　北山文化 　東山文化 (3) 社会経済の動きと文化の進展 　対外貿易 　産業の発達 　郷村制の形成 　文化の普及 　庶民の文化 (4) 戦国の争乱と大名領国 　土一揆 　戦国大名の進出 　領国経済の発達 　ヨーロッパ人の来航

　室町時代について，小学校よりも中学校，中学校よりも高校で，より詳しく，より概念内容の豊かなことばによって学習できるように編成叙述されていることがわかろう。これらの教科書の内容は，また，室町時代について，それぞれの学校段階で与えられている時間内で，その全期間，政治，経済，社会，文化等の全領域を，できるだけ包摂しようとしていることを示している。ここでは教科書の本文の叙述を，そのまま提示し，比較する紙幅はないが，たとえば，

応仁の乱，東山文化といった個々の歴史的事象についての叙述を比較すると，同じく小学校，中学校，高校とその内容はより詳しく，より概念内容の豊かなことばによる説明となっている。学校段階によるこうした違いは，その学習に与えられる時間が増えてくることと，子どもの理解力が増大してくることに根拠がおかれていると解される。

　こうした学習内容構成と教科書および教科内容編成の基礎に，社会的事象を認識するということは，その事象を構成する諸々の事実の総体を知るということであり，その事象について，より詳しくより概念内容の豊かなことばによって学習するときその認識は深まる，という一つの社会認識形成の論理をみることができる。

（森分孝治『社会科授業構成の理論と方法』明治図書，1978年，9〜17頁）

40年前と今は何が変わり，何が変わらなかったのか

　40年前の森分氏の文章からは，当時の平均的な社会科授業が，教科書をベースに授業をし，社会的事象をトータルに，より詳しくより概念内容豊かな言葉で「解説」しようとするものであることが浮かび上がる。いわゆる網羅主義社会科の特徴そのものである。森分氏はこうした平均的な社会科の授業は，「教材過剰」「事象の断片的羅列的学習」「転移しない知識（他事例に活用できない個別事象についての事実的記述的な知識）」「知的に挑戦しない面白くない授業」という4つの課題を生み出していると指摘している。今日でも，特に高校の歴史学習は，必出用語が増大を続けていることが問題に挙がり，また事実の暗記学習から脱却できないことが指摘されている。その意味で，今日の平均的な社会科授業，特に歴史の授業は，40年前と変化していないのかもしれない。

　だが，最近では文部科学省も，そして心ある教師たちも，本気でこうした事実の暗記中心の社会科から脱却しようとしている。デジタル教材が用いられ，資料は視覚的にも聴覚的にも刺激を与えてくれるようになった。「アク

ティブ・ラーニング」が叫ばれ，グループワークの取り組みも積極的に取り入れられるようになった。かつては小学校くらいでしかお目にかかることのなかった歴史新聞づくりや作品発表会を，高校の現場でも目にするようになった。高校の歴史授業も，若手教師の授業を中心に，40年前のものとは変わりつつある……少なくとも見かけは。

　子どもたちにも，こうした主体的で活動的な学習は好評だ。彼らは口々に「座学よりずっと面白い」と言う。どこがよいのかと尋ねると「前は人前で緊張したけど，こうした学習のおかげで人前で話すのに自信がついた」「友達と意見を言い合うと時間があっという間に過ぎる」と言う。なるほど。

　だが何か変だ。大学生を見てそう思う。大学生がものを知らない，なんて批判する気はない。おそらくこれは（程度の差はあるかもしれないが）今に始まったことではない。むしろ全然変わっていないのだ。何が変わっていないのか。大学生のレポートの質が，である。彼らは課題に対して，相変わらず，「どうなっているのか」と問いかけて情報をトータルに網羅的に収集して，要素別に整理するか時系列で並べて整理する。概念内容豊かな言葉で，より詳細な情報を表現する。彼らのレポートの最後の頁には，「考察」とか「総合考察」といったタイトルがついた「感想文」が載っている。その情報についての個人の印象が，簡潔に示されている。「〜と思った」「〜と感じた」で締めくくられている。しかし「なぜ」なのかと問い，仮説を立てて，検証してくるような行為をするレポートにはほとんど出会うことはない。たとえ「なぜ〜か」と問いかけるような内容のレポートがあっても，それはその学生がオリジナルの見解を示して検討するようなものではなく，どこからかインターネットで得た情報が記載されているだけである。レポート課題を出すたびに，彼らは尋ねてくる。「何頁書けばよいのか」と。そして指定した頁数を埋めるだけの分量の情報を示してくる。どこからか見つけた情報を「コピペ」してくる。最後の頁は感想文がついてくるが，なぜそう感じたのか，なぜそう思ったのか，判然としない感想が多い。

　アクティブ・ラーニングをしている学校現場を見ても，この特徴は確認で

きる。例えば，ある高校現場での室町時代の学習（ジグソー学習を採用）において，「民衆」「守護大名」「応仁の乱」などのテーマを各自が調べて発表するというものがあった。「守護大名」を担当する班の子どもたちは，「守護大名」の定義，発生起源，全国の守護大名，幕府と守護大名と，テーマを定め，それに関する情報を収集して発表していた。だが，そこに「なぜ」の考察はない。あからさまにどこかの本か資料集からコピペしたような内容を並べ，そして最後にまた簡単な感想を述べていた。どの班も同じような出来である。意見交換は互いの発表の仕方のよいところを伝え合ったり，興味深い記事を評価し合ったりというものであったが，発表内容の歴史的事実としての正確さが問われることはなく，また「なぜ」の問いが飛び出すこともなかった。

　大学生たちは，高校時代に経験したアクティブ・ラーニングを評価していたが，「互いに学び合うことで社会がよりよくわかるようになったから」といった意見を言う者はまずいない。逆にアクティブ・ラーニングで社会はわかるようになったかと尋ねると，首を傾げる学生がほとんどで，「教師が教えてくれた方が，わかる」「塾講師の講義の方が，よくわかる」といった感想を挙げていた。

　先の抜粋の最後にあるように，森分氏は，平均的な社会科授業構成の問題の元凶は，「社会的事象を認識するということは，その事象を構成する諸々の事実の総体を知るということであり，その事象について，より詳しくより概念内容の豊かなことばによって学習するときその認識は深まる，という一つの社会認識形成の論理」にあることを指摘していた。つまり，社会がわかるとは，情報をトータルに詳細に概念内容豊かな言葉で論じていくことだ，という多くの教師がもつ世界観（社会認識形成の論理）が変わらない限り，授業は変わらないと指摘していた。今日，一部教師の授業について，その見た目はもしかしたら40年前とは大きく変わったのかもしれない。しかし，この森分氏が指摘していた社会認識形成の論理それ自体は全然変わっていないのではないだろうか。昨今の教師のアクティブ・ラーニングの実践の多くは，

一昔前なら教師自身でやっていた情報の網羅的解説を子どもに自主的にさせているだけである。また子どもの側も網羅的に情報を整理すること以外に社会を知る術を知らないので，アクティブ・ラーニングでもこれを繰り返すほかになくなる。

　森分氏の言う「社会的事象を認識するということは，その事象を構成する諸々の事実の総体を知るということであり，その事象について，より詳しくより概念内容の豊かなことばによって学習するときその認識は深まる，という一つの社会認識形成の論理」は日本社会の根深いところにまで浸透し，多くの日本国民の主権者としての資質・能力を低く抑える働きをしている。これは特に40年前とは変わらない。いや，科学的探求学習のようにこの事態に挑戦していこうとする授業を，昨今の教育学は壊すような主張（例えば「構造化」は硬直した授業になるから駄目だとか，「教え」から「学び」に転換しろ，だとかいった主張）をする傾向にあるから，ますます事態は深刻になるかもしれない。子どもの主体的な学びは大切だが，それを極端に推進することの弊害を考えなければならない。教師のやるべき仕事を，もう一度確認していかなければ，取り返しのつかないことになる。

第**3**章

今こそ，問いからつくる
科学的探求学習を

科学的探求学習の特色の一つは，問いにある。それは，中心発問（Main Question：MQ）をはじめ，「なぜ，どうして」という問いが多く設定されており，かつ組織的に編成されている。

　だが，一般に「なぜ，どうして」という問いは必ずしも学校現場に歓迎されているようではない。

　学校現場には，「私は『なぜ』と子どもには問いません」と，何の臆面もなく言ってのける教師がいる。また「なぜ，なぜ，と苦痛な問いを連続的に問いかけるくらいなら，解説してしまった方がましだ」と感想を漏らす教師もいる。彼らの発言は，おそらくは，「なぜ」という発問が子どもたちには難しすぎるという問題意識から生まれているものだと推察される。そこで本章では，(1)なぜ「なぜ？」の問いは他の問いに比べて回答が困難なのか，(2)社会科教師はなぜ「なぜ？」を子どもたちに問わねばならないのか，また，(3)なぜそれを「仮説設定」「議論」「問いかけ」といったプロセスを通して学習させていく必要があるのか，という3つの問題を検討していくことにしたい。

 ## 「なぜ」の問いがなぜ子どもにとって難しいのか

1　教師の発問の技術的な問題—下手な「なぜ」の問いが原因の場合—

　まず，どうして「なぜ」の問いが子どもにとって難しい問いとなるのかについて考えてみよう。そもそも，原因のいくつかは，現場教師のその尋ね方にあるのかもしれない。そうした事例についていくつか挙げてみよう。

　「なぜ豊臣秀吉は天下統一をしたのか」「なぜ東条英機は開戦に踏み切ったのか」「なぜ松本さんは梨づくりに拘るのか」……。これらは共通して，特定の人間がどのような理由から，とある特定の行動をとったのかについて尋ねる問いである。まず，この手の問いを投げかけられると，個人の「目的・意図」「感情」「人間関係」「社会認識」，はたまた個人を超越した社会背景のどれを尋ねられているのか，わかりにくい。個人が主語となっているので，

多くの子どもたちの目線は「目的・意図」や「感情」「人間関係」といったプライベートなことに向かいやすいだろう。だが，これらについては，当人が著書や日記でも残していたり，直にインタビューをすることができる状況にあったりするのなら，子どもたちもある程度まで検証できるだろうが，そうでもなければ納得のできる回答を導き出すことができない（推測の域を超えることができない）。

　加えて，その個人がどんな意図や目的でその行為に及んだのか，という問題を詮索することに，「社会」を扱う社会科としてどのくらいの価値があるのだろうか。個人の生き方に話題が向かいやすいものとなるため，探求するテーマは道徳的なものに向きやすくなり，人の行為が心の問題として片づけられやすく，その人の行動に見えない力を与えていたかもしれない社会の存在が忘れられたり軽視されたりしやすい。民主的な社会は個人個人の生き方が変われば達成されるのだから，生き方の問題を問うことも大切であるといった意見もあるかもしれない。たとえその主張が正しいとしても，道徳の時間がカリキュラム上で存在する以上，社会科では個人の生き方の問題としてよりも，個人個人に見えない力で影響をもたらす社会の存在と向き合い，その在り方を探求のテーマとしていきたいところである。

　そのため筆者としては，できるだけ特定の個人の行動の理由を問うことにならないように問いかけを工夫するように呼びかけたいところである。例えば「なぜ豊臣政権は〜」「なぜ東条内閣は〜」「なぜ松本さんたち八王子の農家は〜」といったように組織や複数の集団の行為や判断の理由を問いかけるなら，一行為主体の極めて個人的な好みだとか問題関心だとか，性格，感情，人間関係といった要素は議論から排除でき，分析対象となる行動について個人の生き方の問題として議論されてしまうことを多少なりとも避けることができるだろう。また，予め「〜が…した目的は何か」「〜はどのような気持ちで…することになったのか」とワンクッション入れて，その後「なぜ，そのようなことになったのか」と子どもたちに尋ねることによって，「なぜ」という問いを，個人的な「目的・意図」「感情」といった心理的な要素では

ない側面から検討しようとしていることを，子どもたちに明瞭に示すことができるだろう。

「なぜフランス革命が起きたのか」「なぜ産業革命が生じたのか」……。これらは事象が生じた理由について，かなり漠然と問いかける点に共通性がある。こういった問いかけも，子どもたちにとっては，どう考えてよいのか途方に暮れるような尋ね方だろう。また，大半の子どもたちの知的興味をかき立ててくれる問いとは思えない。（フランス革命の場合）「王に民衆は不満をもっていたのだろう」といった予想を引き出して終わり，となる。

これに対しては，もっと子どもたちが考えやすいように，具体的に，かつ知的な刺激を与えるように展開したい。「〜ではなく，なぜ…？」といった問いかけは，このような問題を克服する一つの手段として知られている。「なぜ産業革命が起きて格差が広がっているイギリスではなく，産業革命が起きる前のフランスなのか」「なぜ対外戦争を繰り返し国民には重税をかけてぜいたくな暮らしをしていたルイ14世の治世ではなく，それからかなり後のルイ16世の治世で革命が生じたのか」と，具体的で知的にも「言われてみれば，どうしてなのだろう」と思わせるような問いかけをする工夫をしたいものである。

2　問いの性質に内在する回答の難しさ—そもそも「なぜ」に答えるのは大変だ—

しかし，こうした技術的な問題を解決したとしても，子どもにとって（おそらく大人にとっても），「なぜ」に答えることは容易ではない。「なぜ産業革命が起きて格差が広がっているイギリスではなく，産業革命が起きる前のフランスなのか」について考えることも，「なぜフランス革命が起きたのか」と問われるよりは考えやすいかもしれないが，なかなか大変な難題である。「イギリスの王と庶民の関係とフランスの王と庶民の関係との違いはどこにあったのだろう」と最初から尋ねればよいではないか。その方が，もっと考えやすくなるはずだ，と主張される方もおられよう。だが，筆者は，「なぜ」に答えていく能力は，民主主義社会の形成者を育成していく上で不可欠であるので，しっかりこれと向き合う能力をつけてほしいと考えている。「イギ

リスの王と庶民の関係とフランスの王と庶民の関係との違いはどこにあった
のだろう」という安易な問いを最初から投げかけるのではなく，「なぜ産業
革命が起きて格差が広がっているイギリスではなく，産業革命が起きる前の
フランスなのか」との問いに対して，「王と庶民との関係が，イギリスとフ
ランスとの間に違いがあるのではないか」と子どもたちが予想した場合に，
それを受けて投げかけてほしいと考えている。

　どうして「なぜ」問いを考える必要があるのかについては後で詳述すると
して，まず「なぜ」は「どのように」よりも，どうして回答が難しくなるの
かについて考えてみよう。これは５Ｗ１Ｈの問い自体の性質に実は影響され
ている。これについては，森分孝治氏が『社会科授業構成の理論と方法』の
中で詳しく説明しているので，まずはその部分について抜粋し，検討してみ
ることにしよう。

　説明は問いに対する回答である。われわれはよくわからない事柄について説
明を求めるとき，問いを発する。そしてその問いに答えることがその事柄に説
明を与えることをいみしている。一般に説明を求める問いには三つある。一つ
は，「何（what）」（「〜は何であったか」，「〜は何か」など）である。二つは，
「いかに（how）」（「いかに〜したか」，「〜はいかになっているか」など）で
ある。そして，三つは，「なぜ（why）」（「なぜ〜であったか」，「なぜ〜である
か」など）である。一般に科学的研究は，「なぜ」と問うことから始まるとい
われるように，これら三つの問いの内，「なぜ」という問いのみが科学的説明
を求める問いと考えられている。これは，科学的説明が多くの場合，ある事象
が起こったことの，あるいは，法則が成立することの原因あるいは理由を明ら
かにすることであり，そのような科学的説明を求める問いは「なぜ」という問
いであって，「何」あるいは「いかに」という問いではないからである。しか
し，科学においては「何」，「いかに」という問いかけもなされ，回答されても
いる。
　なお，問いには上の三つの問いの他に「だれが（who）」「いつ（when）」
「どこで（where）」「だれに（whom）」などがあるが，これらは，「いかに」

と「なぜ」に対する下位の問いであり，それら自体は，説明を求める問いではないといえよう。また「〜について説明せよ」という要求にこたえることも説明になるが，それは多くの場合，「何」「いかに」「なぜ」という問いの形に書きかえることができ，これらの問いへの回答と同一の説明となる。

（森分孝治『社会科授業構成の理論と方法』明治図書，1978年，90〜91頁）

　森分氏によると，説明を求める疑問詞は，大きく「何（what）」「いかに（how）」「なぜ（why）」の３つに大別できるという。「誰」系の疑問詞は「何」の変形と考えるなら（指示対象が人間か否かで表現が変わるだけなので），また「いつ」「どこで」（「いくつ」「何回」なども含む）などの疑問詞については「いかに」をより具体的に尋ねた疑問詞であると捉えるなら，５Ｗ１Ｈの疑問詞を「何」「いかに」「なぜ」の３つに大別するというアイデアについて，私たちは受け入れることができるのではないか。

　さらに森分氏の説明を見てみよう。森分は「何（what）」については，次のように説明する。

分類による説明

　「これはなんですか」と問われれば，普通，われわれは「これは何々です」とか，あるいはもっと詳しく「これはかくかくしかじかのものです」とか答える。この例でもわかるように，「何」という問いに対して答えるということは，被説明事象を既知の概念によって分類することである。そこで，これを「分類による説明」と呼ぶことにする。分類による説明は，一般に詳しい分類ほど，そして内容の豊かな概念による分類ほど，「説明」としての性格が強くなる。この説明が「説明」となるためには，分類に用いられる概念は既知のものであることはもちろんであるが，同時に，十分に明確なものでなくてはならない。しかもその概念は被説明事象によってしか規定できないようなものであってはならない。

（森分孝治『社会科授業構成の理論と方法』明治図書，1978年，98頁）

　やや哲学的な言い回しなので，筆者なりに再解説してみよう。ここで言う「被説明事象」とは「他者に『何か』と尋ねられ，これから説明しなければ

ならなくなった事象」のことであり，「既知の概念」とは，すでに人々に知られているところの概念，例えば「本」「漫画」「少年漫画」「少年ジャンプ」のことである。被説明事象を既知の概念を用いて説明しようとする行為は，被説明事象が「服」でも「ノート」でもなく「本」「少年漫画」であることを「分類」することになる。一般に「本」と答えるよりは「少年漫画」だとか「少年ジャンプ」と「内容の豊かな概念」を用いて答える方が，説明としての性格が強くなる。なぜなら，その方が，分類をより精緻にできるからである。ただ，「少年ジャンプ」という回答がちゃんと説明として成り立つためには，それが相手も知っているような「既知の概念」ではないと通じない（「少年ジャンプ」が何なのかわかっていない人には，「少年漫画」と回答した方が的確な場合がある）。「ファニーペーパーズ」「特定年齢対象娯楽物」のような，何を意味しているのかわからない不明瞭な概念を用いては駄目である。また「少年ジャンプって何」と尋ねているのに「少年ジャンプは少年ジャンプだよ」と回答するのでは，説明にならない。

　いかがだろうか。さて，この「何（what）」に答えるに当たって私たちは何をする必要があるだろうか。例えば，「江戸時代に山形で盛んに栽培された商品作物で，染料の原料として用いられたのは何か」と問われたとしよう。知っていれば，即答できる。「藍」ではなく「紅花」だと。知らなかったらどうするか。インターネットの検索エンジンで「山形」「江戸時代」「商品作物」と入れれば，ものの数秒で問題解決できる。こうした「何」という分類の説明を求めるという問いの性質から考えるなら，単元や1授業時間を貫く中心発問としてこの「何」問いを用いることは実質的に難しい。もし「〜は何か」を中心発問とするにしても，実質的には「なぜあなたは…だと予想するのか」を考えることを授業の中心に置かざるをえなくなるのではないか。

　次に，「いかに（how）」についての森分氏の解説を見てみよう。

記述による説明

　それに対する答えが説明になる「いかに」という問いには，少なくとも二つの種類がある。その一つは「過程」についての「いかに」という問いであり，他の一つは「構造」についての「いかに」という問いである。「過程」についての「いかに」という問いに対して答えるということは，その過程を，時間の順序に従って既知の概念によって記述することである。たとえば，「法律はどのようにして制定されるのですか」という問いの場合，「法律案は，内閣あるいは議員から議院の議長に提出される。議長は，法律案をその内容に従ってそれぞれの委員会にまわす。委員会は……云々」と説明されよう。法律の制定される過程を時間の順序に従って記述していくわけである。「戦争は，どのようになりましたか」という問いに対して答える場合も，戦争の経過を時間の順序に従って，既知の概念によって記述していくことになろう。「構造」についての「いかに」という問いに対して答えるということは，その構造を，すなわち構成要素の配置を既知の概念によって記述することである。たとえば，「内閣はどのようになっていますか」という問いに対しては，「内閣は内閣総理大臣とその他の国務大臣とによって組織されている。内閣総理大臣は国務大臣を指名する。内閣総理大臣は……を行ない，国務大臣は……を行なう。云々」と説明されよう。内閣の構造を記述しているわけである。また，「阪神工業地帯は，どのようになっていますか」という問いに答える場合も，地域を構成する都市や工業の種類やそれらの分布，関連等を記述していくことになろう。阪神工業地帯の構造を記述していくわけである。「過程」についても「構造」についても，「いかに」，という問いに対して答えることは，その過程あるいは構造を既知の概念によって記述することなのである。そこで，これを「記述による説明」ということができよう。記述による説明も，一般的には詳しい記述ほど，そして内容の豊かな概念による記述ほど「説明」としての性格が強くなる。そして，この説明が「説明」となるためには，記述に用いられる概念が既知のものであることはもちろんであるが，同時に十分明確なものでなくてはならない。しかもその概念は，当の過程または構造によってしか規定できないようなものであってはならない。

（森分孝治『社会科授業構成の理論と方法』明治図書，1978年，98〜99頁）

　分類の説明を求める問いである「何（what）」に対しては，概念を用いて答えれば済む。「本」とか「少年漫画」と名詞を用いればよい。これに対して「いかに（how）」は，文章を構成しなくてはならない。しかもその文章は相手が満足できるだけの分量と内容的質を保ちながら，かつそれなりに文意が伝わるように秩序のある形で示すことが求められる。明らかに「何」よりは答えることが大変になってくる。

　文意が伝わるように整理するときに用いられる手法が，「構造」，つまり被説明事象を構成すると思われる要素に分けて，それぞれに既知の概念を用いながら説明するというやり方と，「過程」，つまり被説明事象を，それが成立展開してきた過程について時系列に，物語的に整理して説明していくというやり方である。「江戸時代とはどのような時代か」と問われたら，「政治」「外交」「経済」「民衆社会」「文化」と要素に分けて説明していくのが前者「構造」であり，「江戸時代成立期」「同前期」「同中期」「同後期」「幕末」と展開過程を説明していくのが後者「過程」となる。我が国のベーシックな歴史教科書の構成は，この「構造」と「過程」を抱き合わせたものとなっている。

　「いかに（how）」は時間をかけて情報を集め，それを意味の伝わるように，内容豊かな概念をできるだけ用いながら，「構造」または「過程」に整理していく必要が生じる。第1章の指導計画Aのように中心発問として用いることも可能であり，実際に我が国の社会科ではしばしば単元や1授業時間を貫く問いとして設定されている。

　最後に，「なぜ（why）」についての森分氏の解説を見てみよう。

推論による説明

　ある事象について「なぜ」と問われるとき，その問いに対して答えるには，推理・推察によって，問われている事象（説明されるもの explanandum）について，それを説明するもの（explanans）をみつけ関連づけてゆかなければならない。したがって，「なぜ」という問いに対する回答としての説明を，「推論による説明」ということができよう。

（中略）

　自然的事象についての説明となるけれども，たとえば，冬の寒い朝，洗面所の水道管が割れていた，という事象について，「なぜ洗面所の水道管が割れたのか」と問うた場合を例にとりあげてみよう。この場合，一般に次のような説明が与えられる。

　　C１：昨夜洗面所の水道管には水がいっぱい入っていた。
　　C２：洗面所の水道管は鉛管である。
　　C３：昨夜の気温は低く，洗面所の水道管の温度は摂氏零度以下に下がった。
　　　　ところが，
　　L１：水は摂氏零度以下では氷結し体積が増大する。
　　L２：鉛管は温度が下がるにしたがって内径は小さくなる。
　　L３：内径の小さくなる鉛管の内で体積の増大する氷ができれば，氷は鉛管
　　　　　に内側から大きな圧力を与えて鉛管は割れる。
　　　　したがって，
　　E：洗面所の水道管は割れた。
　　　　　　　（筆者註：C＝因子（Cause），L＝法則（Law），E＝結果（Effect））

　この説明は，C，L（簡単にするためにC１〜C３をC，L１〜L３をLと書く）から演繹的に推論することによって成り立っている。すなわち，この例では「洗面所の水道管が割れた」という事象についての説明は，その事象を表す命題Eを他の命題CとLから演繹的に推論することによって与えられている。この例のように，ある事象Eについての説明が，他の命題（上の例ではCとL）から演繹的に推論することによって与えられるとき，その説明は「演繹的説明」といわれる。一般に説明される事象Eを説明されるもの（被説明事象），その事象を表わす命題を「被説明命題」，Eを推論する他の命題を（上の例ではCとL）を「説明の根拠命題」という。上の例で明らかなように，根拠命題は，CとLに分かれる。Lは，一般に法則といわれるものを表わし，Cはその法則といわれるものの前件が実際に成立した，または，成立することを表わしている。Cは，一般に初期条件といわれている。

（森分孝治『社会科授業構成の理論と方法』明治図書，1978年，91〜92頁，一部略，一部補足）

　こちらも「命題」など聞き慣れない言葉が登場し，哲学的な言い回しが多いので筆者なりに解説をしたい。まず「命題」だが，辞書には「真であるとか偽であると言いうる言語的に表現された判断」のこととある。「なぜ」という問いが投げかけられるとき，その問いに答えようとする人の目の前には，まず被説明事象（問われている出来事，説明が求められる出来事）と被説明命題（その出来事について事実的な判断を下して表現をした言明）が存在しており，その人はその事象が生じた根拠を説明するために自身の判断を言葉で表現すること，つまり「説明の根拠命題」を示すことが求められる[*3]。

　そして，ここからが重要なのだが，この「説明の根拠命題」は，C（因子）とL（法則）の2つの命題から構成される。これはすなわち，「なぜ」という問いに答えようとする人は，出来事が生じた根拠を説明するに当たって，出来事が生じる以前に生じていた無数の事実のうち，出来事と因果関係をもつと判断されるいくつかの事実を選択し（その事実の内容を言葉で表現したものが命題C），そしてそうした諸事実と出来事との間に実際に因果関係があることを論じるために，命題L（法則），すなわち「もし××が生じるなら，△△がない限り，常に○○が生じることになる」（例：もし水は摂氏零度以下なら，そこに塩などの不純物が混じっていない限り，また圧力が地上と異ならない限り，常に氷結する）という条件式で示される命題を活用する，ということを意味している。CとL，どちらか片方が欠けては，出来事が生じた根拠を説明することができないのである。原因となる事象を見つけ出すためには，私たちはどうしてもそれらと生じた出来事とを結びつける媒体として，命題L（法則）のお世話にならなくてはならない。これがないと，出来事が生じるより先に生じた無数の現象のいずれが原因として関わりがあり，どれが関わりがないのか，私たちは選別できなくなる。

　このように，「なぜ」という問いに答えることとは，こうした法則を駆使して，被説明事象やその命題と結びつく事象やその命題を導き出して「説明

[*3]　こうして導き出された「説明の根拠命題」は一般に「解釈」と呼ばれる。

の根拠命題」をつくり上げることである。こうした行為が「演繹的説明」とか「推論」と呼ばれるのは，考察するに当たって，被説明事象とこれより前に生じた出来事とを因果関係で結びつけるために既知の法則を当てはめて説明しようとするからである。「なぜ」という問いは明らかに，「いかに」「何」よりも複雑な手続きを私たちに要求する。「なぜ」に答えることが難しい理由はここにある。

　ちなみに文字では「なぜ」となっていなくとも，実質的に「なぜ」をとっているケースもある。例えば，中心発問として教師が「太平洋戦争中，米軍が次の攻撃目標としたのはどこか」と問いかけたとしても，授業の実際は「なぜその場所だったのか」を検討することになっていることもあるし，「戦争はどうすれば防げたのか」「ごみの減量に何ができるか」と問いかけていたとしても，実際の授業は戦争の原因を追究していたり，ごみが増えている理由を探求していたり，政策の是非について根拠をもって説明しようとしていたりすることもある。ここで言う「なぜ」の授業とは，広くこのような原因や理由，根拠を追究する（つまり「推論による説明」を要求する）授業全般について当てはまる。

2 「なぜ」の問いを社会科で問うことの意義

　では，どうして，答えることが困難である「なぜ」という問いをあえて社会科教師は問いかけていかなければならないのだろう。これについて森分氏は次のように説明している。

　学校で社会科を教授することのいみは，社会的問題に直面したときに，それに適切に対処していくことができるようになることに寄与するという点にある。社会的問題への適切な対処には，いろいろな知識，能力，態度，資質が必要であるが，社会科が寄与しうるのは，社会的問題のまちがっていない理解，説明ができるということである。社会的問題の理解・説明といっても，求められる

のは，その原因，対策，対策のもたらす結果等についてである。たとえば公害の問題の場合，それに適切に対処していくには公害がなぜ起こっているのか，公害をなくすにはどんな方策があるか，ある方策をとることが公害問題あるいは社会にどんな結果をもたらすか等についての理解，説明であろう。社会科学で求められているのも社会的問題，事象，出来事の原因や対策，対策のもたらす結果の説明や予測である。──なお，後に科学的探求の構造でも考察するように，予測は，論理的には説明と同じ構造をもっている。説明は（結果）Eを既知として，（法則）Lと（結果）Eから（結果）Eの起因Cを推論するが，予測は，（起因）Cを既知として（法則）Lと（起因）Cから（結果）Eが起こることを推論するかたちをとる。いずれも，（法則）Lと（起因）Cないし（結果）Eから推論するかたちをとっている。したがって，科学的に説明できるようになることは，科学的に予測できるようになることでもある。──社会科学で，したがって，社会科で中心的に求められるのは「なぜ〜であるのか」，「それはどうなるか」という問いに対するまちがいのより少ない回答としての説明である。

　ところが，「なぜ」，「どうなるか」という問いには，「何」か，「どのように」なっているかがわからないと，まちがいなく答えることはできない。「なぜ公害が起こっているか」の説明には，何が公害か，公害の現状はどのようであり，公害をとりまく地域の状況，公害発生の過程がどのようであったかの分析が必要とされる。まちがいのない推論による説明ができるためには，まちがいのない分類による説明，記述による説明ができなければならないわけである。このいみで，まちがいのない分類による説明，記述による説明をできるようにさせることも，社会科のねらいである「科学的に説明できるようにさせる」ことの一部ではある。

（森分孝治『社会科授業構成の理論と方法』明治図書，1978年，100〜101頁，一部略，一部補定）

　社会的問題の原因や政策のもたらす結果について，より説得力のある，確かだと信じるに値する説明を求めて探求していくことのできる力を子どもたちにつけていくことを森分氏は主張しているわけだが，社会科の教科目標から考えても，また学校という空間が果たすことのできる最大の役割ということから考えても，この森分氏の主張は，現在でも多くの方が，納得のできるところではないかと思う。

なお，社会的問題の原因を追究し説明することができるようになるためには，複雑な社会の構造を読み取る力が必要となってくる。そのときに頼れるのは，社会諸科学の視点だろうが，一つの学問領域だけに頼ってそれらの全てを読み取ることは不可能だろう。地理学は地形や気候，空間から（地形や気候等と人間との関係を説明する法則や問いかけなどから）読み取ろうとするだろうが，場合によっては環境決定論的な説明になってしまうかもしれない。経済学は金の動きから（金の動きと人間との関係を説明する法則や問いかけから）読み取ろうとするかもしれないが，これも万能ではないだろう。社会学，人類学，政治学などもそれぞれユニークな視点（それぞれの領域が明らかにした法則や領域特有の問いかけ）から分析・説明を試みるであろうが，それらもまた一面的である。私たちはこれら社会諸科学の全ての視点や理論を総動員して，社会的問題を生み出す複雑な社会背景を読み解いていけるようにならなければならない。これが「多面的・多角的な視点」と呼ばれるものである。

　もちろん，現代の極めて複雑な社会的事象を読み取ることは，教師や研究者でも容易ではない。だが，もしかしたら過去の時代であれば，現代ほどには複雑な社会ではないし，また事の顛末もわかっているので，体系的に社会の構造を理解することが，現代よりも容易となるだろう。社会諸科学の視点や理論を総動員してその時代を読み解く訓練をするのに，過去の時代を事例にするのは，子どもたちにとって，ちょうどよい訓練となるに違いない。また，大抵の過去の時代は，現在と全くつながりのない社会構造をしているわけでもない。過去を学ぶことは，現在を理解するのに何かのモデルになるかもしれない。

　とはいえ，過去の時代の特色や構造だって，大抵の子どもたちにとって，教師のサポートなしに読み取ることは難しいのではないか。教師は，構造化した問いを投げかけることで，子どもたちに社会の読み取り方を学ばせていく必要があるだろう。

　さて，社会的問題の原因を探求すること，そして政策の結果を推論することを可能にするのに，命題L，すなわち法則が大きな役割を果たす。この法

則の利点は，複数の個別的な現象や出来事を説明するために活用できる点にある。例えば，「製鉄所は，その国が製鉄の技術を有しているなら，原料をできるだけ安価に確保できる場所で，かつ平野部で生産に必要な水と労働力の確保できる場所に立地する」という法則は，八幡，福山，君津など日本国内の製鉄所の立地，そしてアメリカ合衆国のクリーブランドやピッツバーグ，ドイツのルール地方の製鉄所の立地の理由を悉く説明することを可能にする。また，北九州工業地帯が戦後に四大工業地帯の地位から陥落した理由や，1960年代まで東南アジアのほとんどの国で製鉄業が振るわなかったがマレーシアのマラヤワタ・スチールのように大型の製鉄所が現れて1980年代に急成長できた理由のかなりの部分を説明してくれる。また，今後どの国の製鉄業が振るう可能性があるのか（例えばミャンマーやベトナムで製鉄業がこれから台頭する可能性があるかどうか）推論することを可能にし，そして日本の製鉄業がこれからどうなるのかを推論することを可能にする。

　ちなみに，複数の法則が束になって体系化されたものを理論と呼ぶ。例えば先に挙げた「製鉄所は，その国が製鉄の技術を有しているなら，原料をできるだけ安価に確保できる場所で，かつ平野部で生産に必要な水と労働力の確保できる場所に立地する」という法則は，「製鉄で利益をあげるには，原料を安定的かつ安価に確保し，大規模な製鉄所で安定的かつ良質な生産をし，安定的に製品を供給する必要がある」「大規模な製鉄所の建設と維持には多額の費用がかかる」「良質な銑鉄の生産には技術と資本が必要となる」「製鉄所が安価に原料を確保するためには，原料供給地から近い場所にある必要がある」等の複数の法則から成立していると言え，一つの理論，すなわち「製鉄所の立地論」と呼ぶことができるものである。またこの製鉄所の立地論は，「第二次産業の多く（建設・造船・自動車生産・機械生産など）は鉄と石油を材料とし，これを加工することで付加価値を与えていく仕事である」「製油・製鉄をはじめ第二次産業はしっかりとしたインフラと多くの労働者を必要とする」「人の集まるところには第三次産業も発達する」などの法則と組み合わされることで，「工業地帯は，その国がインフラを提供できるだけの

政権の安定性と財力があり，そして労働力を提供できるだけの人口がある限り，巨大製鉄所やコンビナートのある場所から近距離に形成される」とする「工業地帯の立地論」を形成する。こうした理論は，より複雑な社会的事象を構造的に説明することを可能にしてくれる。つまり，より解決困難な「なぜ」の問いかけに答えてくれるものである。

これまで説明してきたように，問いには大きく「何」「どのように」「なぜ」の３つがあった。この３つの問いの中で，法則や理論に触れさせることを可能にする問いは，実質的に「なぜ」だけである。逆に言えば，社会科で「なぜ」を問わないことは，子どもたちから法則や理論に触れる機会を奪うことになるわけで，彼らの社会の分析力を低下させ，そして将来を予測する力を奪うことになるのである。

③ 教師が解説するのではなく，「議論」「問いかけ」や「仮説の設定」を重視することの意義

1 科学的探求に必要な「開かれた心」と「知的廉直」の獲得

「なぜ」を学ぶことの意義についてはわかったが，やはり「なぜ」は難しい問いなので，「なぜ〜が生じたのだろうか。これには次のような理由があると言われている。これから解説しよう」と教師主導で進めた方が，子どもたちにも法則や理論が確実に伝わるのではないか，といった考えをもつ読者も少なからずおられよう。

まずここで確認しておきたいことは，「議論」や「問いかけ」は，教師が教えたいと考えている何らかの法則や理論の伝達をより合理化・効率化するために採用するものではないし，そもそも法則や理論を伝達することのみを目的にするなら，こうした問題解決のプロセスを採用することは非合理的で非効率的ですらある。最初から「〜の原因は次のようになります」と教師が解説した方が子どもたちに伝わる確率が高い。

では，どうして「議論」と「問いかけ」を重視するのだろうか。これについても森分氏が論じているので，これを参考に考えてみよう。

教授活動──発問と資料の組織

　探求活動は子どもが行っていくのであって，教師はこれを援助し導いていくわけである。子どもの探求活動を援助し導いていく手だてとなるのは発問と資料である。探求としての社会科の教授活動は，子どもの反応をとらえ，学習活動を科学的な探求に導き，理論を発展させていくように，発問，資料を組織していくことによってなされる。

　探求の始めに，教師は，説明あるいは予測を求める社会的事象・出来事そのものが，事実生起しているということを，証拠を示して子どもに確認させねばならない。日本の農業人口の減少，都市の工業従事者と比較してＡ町の低い農業所得が事実であることを資料を用いて確認しておかねばならない。事実生起しているということを確認した後に，「なぜそれが生起したのか」，「それはどうなるのか」という課題を設定し，探求活動を開始させていかねばならない。子どもから課題が提起されることもあろうが，その場合も（中略）問いのたて方が探求を決定的に方向づけるので，教師が子どもの提起をうけて科学的な説明，予測，理論をひきだしうるような問いのかたちにして，設定していくべきであろう。

　仮説提示の段階では，教師は，原則として学級全員を励まして，彼らの考えをひきだすように努めるべきであろう。学級の子どものもっている「理論」をひきだすために仮説を出させるとともに，なぜそういう仮説を提起するのかを聞き，仮説提起の根拠を発表させる必要がある。「正論」が学級を支配し，自由に仮説を提起しにくい状況にならないよう配慮していくべきである。

　仮説の吟味・検討の段階では，教師が適切な助言を与えながら，まず，子どもの既有の知識・経験にもとづいて各人の提起した仮説を吟味・検討させ，まちがった仮説を排除させていく。そして，子どもが験証できない仮説については，論理的なまちがいのあるものは教師がこれを指摘していき，事実から大きくずれているもの，あるいは事実にほぼ合致しているものについても，教師が証拠となる資料を提示して験証を援助していかなければならない。あるいは教師が験証していかなければならない場合もあろう。たとえば，子どもたちの間で，「農業の仕事はきびしく，それから逃れようとして他産業に移っていっている」という仮説が験証できないでいるなら，教師は農業労働も機械化して軽

減されている事実，農業を続けたいと願う人々も他産業に移っていかざるをえなくなっているといったことを示す資料を提示して，子どもの検証を援助していくべきである。子どもの提起する仮説，それらの内で子どもの既有の知識・経験では検証できないものをあらかじめ予想し，資料を準備しておくことが要請されるわけである。（以下略す）

学習活動——指導された討論

　探求としての社会科授業における基本的な学習形態は討論である。探求としての授業の学習活動では，仮説の提示，吟味・検討，一般化・法則の定式化がなされていくが，子どもたちはこれらを討論によって行っていくとき，探求のねらいをよりよく達成していくことができよう。

　探求としての社会科授業は，学級という集団による科学的探求活動として組織される。これを個々の子どもに即してみれば，間主観的な探求活動に参加することによって，自己のもつ「理論」を批判的に吟味・検討し，修正，改造，発展させていく過程である。子どもは，学級の探求過程で自己のもつ「理論」にもとづき仮説を提起し，学級のみんなの仮説を批判的に吟味・検討していく。子どもが探求活動に積極的に参加し，仮説の提示・吟味・検討に自己の「理論」を賭けていかなければ，「理論」の発展は望めない。自己の「理論」を賭けておれば，自分の仮説の批判者に議論を挑んでいくことになろうし，討論にまき込まれていけば，自己の「理論」を賭けざるをえなくなってこよう。農業人口の減少がなぜ起こっているかという課題に，単なる思いつきで回答を仮説として提示しても，「なぜそういえるのか」，「根拠はまちがっているのではないか」と問いつめられれば，農業や農村およびそれらをとりまく諸状況に関してもっている知識を総動員して，自分の意見を弁護せざるをえなくなろう。仮説が思いつきでなく，自己の既有の知識の点検の上でたてられたものであれば，批判されれば反論していくことになろう。また逆に，自分のもつ知識に反する仮説・意見があれば批判していくことになろう。討論の過程で他人の意見や提示される資料に学んで，子どもは自己の「理論」を修正し補強し，また，誤りであることが判明すれば改造し変革していくことになろう。

　討論が，探求としての社会科の基本的学習形態とされるもう一つの根拠は，それが知識成長の論理にかなった活動であるからである。学級という集団による探求活動は，間主観的な過程であり，客観的，科学的知識の成長過程として

組織されていかなければならない。知識の成長は誤った知識・理論を排除していくことによって，知識・理論を反証していくことによってなされるが，討論は誤った知識・理論の排除，知識・理論の反証の過程として進行していこう。討論において子どもは相手の論が誤っていることを指摘し証明していこうとするであろうし，誤りであるということが証明されなかった論が，まちがいのない，科学的な理論として残されていくからである。

　探求としての社会科の基本的な学習形態は，討論であるが，授業を討論過程として組織していくことは，容易でない。我が国の精神風土では討論は，しばしば自説に固執する非生産的な討論のための討論となっていく傾向がある。反対意見に耳をかたむけ，自分が誤っていれば，それを素直に認め，よりまちがいの少ない意見，理論があればそれを受け入れていくという態度がなければ，討論は，非生産的となり，学級における客観的知識の成長，個々の子どもの「理論」の発展を，もたらすものとはならない。「開かれた心」と「知的廉直」が社会科で育成されるべき態度とされるゆえんである。

　授業過程における討論は，あくまでも科学的な探求とならなければならない。しかし，子どもは科学的探求の方法を身につけておらず，また，上述のような態度も十分育成されてはいない。子どもによる自由な討論は非生産的となってゆかざるをえないであろう。討論を科学的探求のルートにのせ，生産的にしていくためには，先述したような教師の援助と指導を必要とする。このいみで，探求としての社会科授業における基本的な学習形態は，いわば「指導された討論」であるというべきであろう。

（森分孝治『社会科授業構成の理論と方法』明治図書，1978年，162〜165頁，一部略）

「議論」や「問いかけ」をして授業をしていくことの理由，それは，子どもが自分自身の理論（見方・考え方）を修正し，より間主観的なより間違いの少ない（「より根拠や説得力のある」と言い換えてもよい）理論を得るためにどうすればよいかを子どもたちに理解させるためである。それは，（真理に到達できるのではないかと希望をもちながら）各個人が自らの理論を互いに賭け，集団での議論を通して最終的に間主観的な理論を構築していくことである，とまとめることができるだろう。そしてそのような行為を実際にしていくに当たって森分氏は，自説に固執し，非生産的な議論をする精神風

土が日本にあり，しばしばこれが邪魔をすることを指摘する。その上で，こうしたことに陥らないようにしていくためには，教師が議論を科学的探求のルートにのせ，生産的なものになるように子どもたちに問いの投げかけや資料による揺さぶりなどの支援や指導をしていくことが必要となると主張する。社会科による態度形成に消極的であることで知られる森分氏であるが，こうした議論空間をつくるために，教師は社会科の授業の中で「開かれた心」「知的廉直」を育成していくことについて，否定していない。

　筆者が思うに，こうした議論の空間は，単に科学者のような合理的で理性的な考察を子どもたちができるようになるためにも必要なことであるが，併せて，民主主義的な公共圏（public sphere）を築き上げていくためにも不可欠となるはずである。

2　社会的事象の解読方法を知る

　筆者が指摘しておきたい2つ目は，この学習が，教師による問いかけを通して，社会的事象を構造的かつ科学的に読み解く方法を教えていることである。社会的事象を構造的かつ科学的に読み解くには「開かれた心」「知的廉直」だけでは不十分である。教師は，具体的に「どうなっているのか」「それはなぜなのか」と問いかけながら，生産的な科学的探求のルートにのせて，「どうして不平等が生じるのか」「どうして今日の社会は徴税権力のある為政者ではなく一般庶民が文化を謳歌できるのか」などのように，おそらくはすぐには十分な説明をすることのできない難題を解き明かすためのプロセスを教えていくことが求められる。そしてこの生産的な科学的探求のルートこそが，「構造化された問い（structured question）」である。

　理想は子どもたち自身が自力で問いを構造化することで難題に対処できることである。しかし最初からそれができる子どもはそう多くはないだろう。またテーマによっては子どもたち自身の手でなんとか解き明かすことができるものもあるかもしれない。その場合は，あえて科学的探求学習を採用する必要はない。しかし，ほとんどの子どもたちにとっては，かなり多くのテーマが，教室の全員で束になって立ち向かったとしても，自力ではなかなか十

分な探求のルートを築けないものではないだろうか。そのため，大抵の場合，前もって教師がある程度まで問いを構造化しておく必要があり，子どもたちの探求活動を支援していくことが求められることになる。

　これは一見，過保護に見えるかもしれない。だが，筆者には，子どもたちを確実に難題に立ち向かっていけるように育てていくためには必要なプロセスであるように思える。いきなり難題だけ与えて，あとはグループでそれを読み解け，では探求活動の多くが「這い回る」であろうし，その中で無力感に苛まれて探求活動からフェードアウトする子どもたちも少なくないだろう。これを防ぐために，構造化された問いを準備して教師は子どもたちの探求活動を支援し，徐々に教師からの問いかけの数を減らして，子ども自身の手で難題に立ち向かっていくための問いの構造化ができるように，段階的に子どもたちの自律をサポートしていくべきではないか。

　筆者は昔，ある中学校の教師から，「子どもたちが自転車に乗れるようになるためには，後ろで親がしばらくは支えてあげる必要があるが，子どもたちが要領を得ていくのを見計らって，徐々にその支えの時間と回数を減らしていくことで，子どもたちは自分で自転車に乗ることができるようになる」という事例を通して，こうした科学的探求学習の意義を教えてもらったことがあった。科学的探求学習の利点についての実にわかりやすい説明であり，以後，筆者も学生に例示して説明する際に使わせてもらっている。もともと，この科学的探求学習のルーツはアメリカ合衆国で1960年代に登場した教育の現代化運動にある。そのきっかけとなったＪ・ブルーナーの著書『教育の過程』を教員採用試験で勉強したという人もいると思う。この現代化運動で重視されたことは，「知る方法を知ること（know how）」，つまり問いを構造化して，科学的な探求活動のプロセスを教えることだった。

　そしてもう一つ重要なことは，良質な問いかけに答えることが，結果として良質な説明を可能にする理論を導き出すことになる点である。例えば，次頁の図は，第1章で紹介した「江戸時代前期の産業の発展」の指導計画Bの構造化された問い（＝「問いの構造図」）である。これを探求していくと，

今度は63頁の図のような構造化された知識群（＝「知識の構造図」）が導かれることになる。個々の情報が紡ぎ合わせられていくことで，江戸時代前期を大観できるより高次な理論が浮かび上がるのである。

MQ：なぜ17世紀後半の大坂の商人は，文化の担い手になるほど，この時代に成長したのだろうか。		
	SQ1：大坂の町の特質は何か。	SQ1・1：江戸と大坂の住人の特質を比べてみよう。
		SQ1・2：なぜ江戸には大坂より圧倒的に多くの武士が住んでいたのか。
		SQ1・3：「蔵屋敷」とは何か。
		SQ1・4：江戸には「蔵屋敷」や「市場」はなかったのか。
	SQ2：なぜ地方の大名は大都市（特に大坂）の蔵屋敷に米を運んだのだろうか。	SQ2・1：諸藩によって蔵屋敷に集められた米は，その後どうなるのか。
		SQ2・2：なぜ地方の諸藩は年貢米を大都市に運んで売却するのか（どのようなメリットがあるのか）。
		SQ2・3：なぜ江戸には大坂の堂島米市場のような規模の米市場が成立しなかったのか。
	SQ3：いつ頃から諸大名は大都市（特に大坂）に蔵屋敷を建てて年貢米を運ぶようになったのか。	
	SQ4：なぜ17世紀後半より前に，地方の大名は領地で生産された米を蔵屋敷に運んで売らなかったのか。	SQ4・1：新しいルートで，どのように米は江戸や大坂に運ばれたのだろう。
		SQ4・2：それまで日本海側の米はどのようにして大坂や江戸に運ばれていたのだろう。
		SQ4・3：なぜこの時期に航路の開拓が可能になったのか。
	SQ5：江戸や大坂と航路が結ばれたことで，どのような変化が地方で生じたのか。	SQ5・1：江戸や大坂と結ばれた諸藩は，より利益をあげるために，どのようなことをしたのだろう。
		SQ5・2：新田開発が最も盛んだったのはいつ頃か。一番盛んだった地域はどこか。それはなぜか。
		SQ5・3：瀬戸内海周辺の開発率が高くないのはなぜか。
	SQ6：18世紀に入ると米の石高の伸びも緩やかになり，耕地面積もあまり増えていない。これはなぜなのか。	SQ6・1：18世紀に入って慢性的な米価安を生んだ。これはなんと呼ばれたか。
		SQ6・2：「諸色」とは何か。
		SQ6・3：18世紀に入り，米に限界が見えてくる中で，諸藩は何に活路を見いだしたのだろう。
		SQ6・4：商品作物が米の生産より有利になるのはなぜか。
	SQ7：なぜ地方の大名たちは自分たちの領内で商品作物を加工させて江戸や大坂に売らないのか。	SQ7・1：木綿，菜種，藍，紅花などの商品作物は，主にどこに運ばれ，加工されたのか。
		SQ7・2：なぜ商品作物の多くは大坂方面に運ばれたのだろう。
		SQ7・3：大坂や京都で加工された製品が最も多く運ばれたのはどこか。どのように運ばれたのだろう。
		SQ7・4：なぜ江戸には高い加工技術をもつ職人があまりいなかったのだろう。

小単元「江戸・大坂の繁栄と地方の産業の発展」の問いの構造図

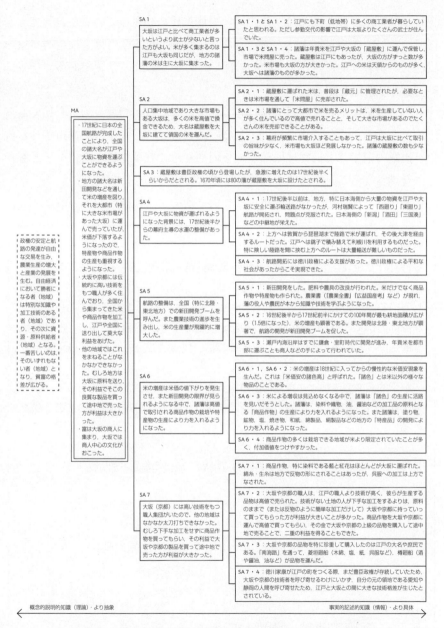

MA

政権の安定と航路の発達が自由な交易を生み、農業生産の増大と産業の発展を生む。自由経済において勝者（地域）になる者は特別な知識や加工技術のある者（地域）であり、その次に資源・原料供給者（地域）となる。一番苦しいのは、そのいずれもない者（地域）となり、貧富の格差が広がる。

MA

・17世紀に日本の全国航路が完成したことにより、全国の諸大名が江戸や大坂に物資を運ぶことができるようになった。
・地方の諸大名は新田開発などを通して米の増産を図り、それを大都市（特に大きな米市場があった大坂）に運んで売っていたが、米価が下落するようになったので、特産物や商品作物の生産も重視するようになった。
・大坂や京都には伝統的に高い技術をもつ職人が多く住んでおり、全国から集まってきた米や農産作物を加工し、江戸や全国に送り出して莫大な利益をあげた。
・他の地域ではこれをまねることができないなかなかできなかった。むしろ地方は大坂に原料を送り、その利益でそこの良質な製品を買って途中地で売った方が利益は大きかった。
・富は大坂の商人に集まり、大坂では商人中心の文化がおこった。

SA1
大坂は江戸と比べて商工業者が多いというより武士が少ないと言った方がよい。米が多く集まるのは江戸も大坂も同じだが、地方の諸藩の米は主に大坂に集まった。

SA1・1とSA1・2：江戸にも下町（低地帯）に多くの商工業者が暮らしていたと思われる。ただし参勤交代の影響で江戸は大坂よりたくさんの武士が住んでいた。
SA1・3とSA1・4：諸藩は年貢米を江戸や大坂の「蔵屋敷」に運んで保管し、市場で米問屋に売った。蔵屋敷は江戸にもあったが、大坂の方がずっと多かった。米市場も大坂の方が大きかった。江戸への米は天領からのものが多く、大坂へは諸藩のものが多かった。

SA2
人口集中地域であり大きな市場もある大坂は、多くの米を高値で換金できるため、大名は蔵屋敷を大坂に建てて領国の米を運んだ。

SA2・1：蔵屋敷に運ばれた米は、普段は「蔵元」に管理されたが、必要なときは米市場を通して「米問屋」に売却された。
SA2・2：諸藩にとって大都市で米を売るメリットは、米を生産していない人が多く住んでいるので高値で売れること、そして大きな市場があるのでたくさんの米を売却できることがある。
SA2・3：幕府が頻繁に市場介入することもあって、江戸は大坂に比べて取引の旨味が少なく、米市場も大坂ほど発展しなかった。諸藩の蔵屋敷の数も少なかった。

SA3：蔵屋敷は豊臣政権の頃から登場したが、急激に増えたのは17世紀後半くらいからだとされる。1670年頃には80の藩が蔵屋敷を大坂に設けたとされる。

SA4
江戸や大坂に物資が運ばれるようになった背景には、17世紀後半からの幕府主導の水運の整備があった。

SA4・1：17世紀後半以前は、地方、特に日本海側から大量の物資を江戸や大坂に安全に運ぶ輸送路がなかったが、河村瑞賢によって「西廻り」「東廻り」航路が開拓され、問題点が克服された。日本海側の「新潟」「酒田」「三国湊」などの中継地が栄えた。
SA4・2：上方へは敦賀から琵琶湖まで陸路で米が運ばれ、その後大津を経由するルートだった。江戸へは銚子で積み替えて利根川を利用するものだった。特に険しい峠道を間に挟む上方へのルートは大量輸送が難しいものだった。
SA4・3：航路開拓には徳川政権による支援があった。徳川政権による平和な社会があったからこそ実現できた。

SA5
航路の整備は、全国（特に北陸・東北地方）での新田開発ブームを呼んだ。また農業技術の進歩を生み出し、米の生産量が飛躍的に増大した。

SA5・1：新田開発をした。肥料や農具の改良が行われた。米だけでなく商品作物や特産物も作られ、農業書「農業全書」「広益国産考」などが現れ、藩の役人や農民が本から知識や技術を学ぶようになった。
SA5・2：16世紀後半から17世紀前半にかけての100年間が最も耕地面積が広がり（1.5倍になった）、米の増産が顕著である。また開発は北陸・東北地方が顕著で、航路の開発が新田開発ブームを促した。
SA5・3：瀬戸内海沿岸はすでに鎌倉・室町時代に開発が進み、年貢米を都市部に運ぶことも商人などの手によって行われていた。

SA6
米の増産は米価の値下がりを発生させ、また新田開発の限界が見られるようになる中で、諸藩は高値で取引される商品作物の栽培や特産物の生産により力を入れるようになった。

SA6・1、SA6・2：米の増産は18世紀に入ってからの慢性的な米価安現象を生んだ。これは「米価安の諸色高」と呼ばれた。「諸色」とは米以外の様々な物品のことである。
SA6・3：米による増収は見込めなくなる中で、諸藩は「諸色」の生産に活路を見いだそうとした。諸藩は、染料や織物、油、醤油油などの工品の原料となる「商品作物」の生産により力を入れるようになった。また諸藩は、塗り物、鉱物、塩、焼き物、和紙、綿製品、絹製品などの地方の「特産品」の開発により力を入れるようになった。
SA6・4：商品作物の多くは栽培できる地域が米より限定されていたことが多く、付加価値をつけやすかった。

SA7
大坂（京都）には高い技術をもつ職人集団がいたので、他の地域はなかなか太刀打ちできなかった。むしろ下手な加工をせずに商品作物を買ってもらい、その利益で大坂や京都の製品を買って途中地で売った方が利益が大きかった。

SA7・1：商品作物、特に染料である藍と紅花はほとんどが大坂に運ばれた。綿糸・生糸は地方で反物の形にされることはあったが、呉服への加工は上方でなされた。
SA7・2：大坂や京都の職人は、江戸の職人より技術が高く、彼らが生産する品物は高値で売れた。技術がない土地の人が下手な加工をするよりは、原料のままで（または反物のように簡単な加工だけして）大坂や京都に持っていって買ってもらった方が利益が大きいことが多かった。商品作物を大坂や京都に運んで高値で買ってもらい、その金で大坂や京都の上級の品物を購入して途中地で売ることで、二重の利益を得ることもできた。
SA7・3：大坂や京都の品物を特に珍重して購入したのは江戸の大名や庶民である。「南海路」を通って、菱垣廻船（木綿、塩、紙、呉服など）、樽廻船（酒や醤油、油など）が品物を運んだ。
SA7・4：徳川家康が江戸の町をつくる際、まだ豊臣政権が存続していたため、大坂や京都の技術者を呼び寄せるわけにいかず、自分の元の領国である愛知や静岡の人間を呼び寄せたため、江戸と大坂の間に大きな技術格差が生じたとされている。

← 概念的説明的知識（理論）・より抽象　　　　　　　事実的記述的知識（情報）・より具体 →

小単元「江戸・大坂の繁栄と地方の産業の発展」の知識の構造図

科学的探求学習の成否は，この問いの構造化にかかっていると言っても過言ではない。さらに踏み込んで言うなら，科学的探求学習は，社会的事象を論理的かつ合理的に読み解くための問いかけ方を教える学習である。

3　知識の深化を図る

　もう一つ科学的探求学習で注目しておきたい点は，指導計画Bを見てもらえるとわかるのだが，中心発問（MQ）について子どもたちに推論させる機会が授業の前半部と最終展開部とで2回あり，これは知識の深化を子どもたちに意識させることを目的としていることである。

　森分氏は，知識の深化（成長）について次のように説明している。

科学的知識成長の論理

　「豊作になれば値が下がる」という常識的な一般化（筆者註：法則のこと）は，市場経済のメカニズムについて常識的であるが，一つのはあくのし方を示している。このような一般化が批判的に吟味され，より限定され，より精密度を高めていくと，「需要が一定のとき，供給がませば価格は下がる」という科学的法則へと成長していく。科学的知識は，常識的知識の批判的吟味によって成長してきた。

　科学的知識の成長は，真理により近く接近しようという希望をもって，既有の知識を改善していく過程である。それは次のような図式であらわすことができる。

S.T 1　（Starting Theory：既有の（批判・反証可能な）理論）
↓
P 1　　（Problem：問題）
↓
T.T 1　T.T 2……T.Th（Tentative Theory：暫定的理論）
↓
E.E　　（Error Exclusion：誤り排除）
↓
S.T 2　（新しい（批判・反証可能な）理論）

↓

P 2　　（問題）

　あらゆる知識の成長は，以前の知識の修正によってなされる。知識成長の出発点となるのは，問題（P１）である。問題は，既有の理論（S.T１）から予期されることと，観察が示唆する仮説が衝突するときに生じる。たとえば，ある作物が豊作になっても値が下がらないということが起こったとしよう。この場合，既有の「豊作になれば値が下がる」という理論からは，豊作であるから「値が下がる」という予測がされるが，事態の観察からは，「豊作になっても値が下がらない」という仮説をたてざるをえない。ここに豊作になると値が下がる場合もあり，値の下がらない場合もあるのはなぜかという問題が生じる。

　問題が生じると，次にこの問題に対する解決を推察または推測し，問題を解決する暫定的な理論（T.T１）を仮説として出す。そして，それがまちがっているかどうか事実に照らして吟味し，まちがっていればこれを排除する。そして，また，推理し推測しなおして別の暫定的理論（T.T２）を仮説として出し，批判的検討を行なっていく。これをくり返していき，その時点で理論を死なせようとするあらゆる批判的吟味に耐えたものを，新しい理論（S.T２）として採用していくという過程をとる。たとえば，上の問題で，推理し推測して両者の場合を説明するものとして，「作物を一度に大量に出荷すれば，値が下がる」という暫定的理論が仮説として出されたとする。すると，この理論で説明できない事例を探して，この仮説を反駁する努力がなされる。そして，豊作のときこの組合だけが一度に大量に出荷しても——他の組合が大量に出荷しなくて——値は下がらないという事実が出てくると，この暫定的理論は誤りとして排除される。そこでまた問題に対する解決を推測して，たとえば，「作物が市場に一度に大量に入荷すれば値が下がる」という暫定的理論が出され，それを批判的吟味にかけていく。その時点で，あらゆる批判的検討をしても反駁できなかったら，これが新しい知識・理論として受け入れられるわけである。

　新しい理論は，また新しい困難に直面し，新しい問題（P２）を生じさせる。たとえば，正月をひかえたある日，ある作物が市場に一度に大量に入荷しても値が下がらないという事態が生じると，上の新しい理論から予期されることと衝突し，ここに，「作物が市場に一度に大量に入荷しても，値が下がる場合も

あるし，値が下がらない場合もあるのはなぜか」という問題が生じ，新たに問題を解決する推理・推測が行われていくことになる。知識の成長の過程は，円環ではなくスパイラルなものである。S.T2は，S.T1よりもよりまちがいの少ない，より説明力の大きい理論に成長している。「作物が市場に一度に大量に入荷すれば値は下がる」という命題は，「豊作になれば値が下がる」という命題よりも科学的である。

　知識の成長の図式は，あらゆる知識の成長を説明するものであるが，こうした操作を最も意識的・系統的かつ集団的に行っているのが科学である。個々の科学者が既有の理論をもとに問題をたて，大胆な推測によって暫定的理論をたて，その反駁を試み，新しい理論を打ちたてていく。そして，彼はそれを学会に暫定的理論――なぜなら自分の行ったのとは違う方法で反駁できるかもしれないので――として発表する。別の科学者は同じ問題について別の暫定的理論を提出するかもしれない。いろいろな科学者が，これら競合する理論を議論し相互に批判して，問題を解決する新しい理論を探求していくのである。科学者の集団が，学会が，知識成長のための操作を行っているわけである。科学的知識は，大胆な推測と厳しい反駁とによって真理により接近していくわけである。科学的知識は，批判可能・反証可能な知識で，現時点において厳しい批判・反証に耐えている知識である。

（森分孝治『社会科授業構成の理論と方法』明治図書，1978年，110〜112頁，一部改）

　つまり，森分氏は知識の深化（成長）を，事実と照らし合わせながら厳しい吟味を通して社会的事象を説明するための理論を検証することによって，理論がより説明力をもつものに転換していくことであると論じているのである。なお森分氏のこの部分の主張は，科学哲学で著名なK・ポパーの理論を応用したものである[4]。

　さて，この知識の深化（成長）を子どもたちに生じさせるためには，子どもたちの既有の理論（ST）をはっきりと表出させ，その後，既有の理論では説明できないような事実的情報をぶつけることで，その理論を修正・深化

---

[4]　カール・ポパー（森博訳）『客観的知識―進化論的アプローチ―』木鐸社，1974年。

（成長）させる機会を与えなくてはならない。また，知識の深化（成長）を
実感させるためには，授業の最終場面で，授業を通して子どもたちが新たに
構築した理論を表出させることで，子どもたちに自らの知識の深化（成長）
を確認できる機会を与えなければならない。

　第1章の指導計画Bを事例に出すならば，次のようになる。「なぜ17世紀
後半に大坂の商人が台頭したのか」という中心発問（MQ）を教師に問われ，
子どもたちは，例えば「大坂は日本のちょうど中心に位置していたから全国
から物が多く集まったので商人は大もうけできた」「大坂には多くの商人が
住んでおり，江戸は武士の町だった」などの仮説（既有の理論）を表出する
ことになる。教師はこうした既有の理論に対して，「（地図で確認しつつ）江
戸も日本の中心に位置すると言えるのではないか」「（資料から）江戸にもか
なりの数の商人が住んでいた」という事実をぶつけて，揺さぶりをかける。
子どもたちは，否応なく，既有の理論の修正を迫られることになる。教師に
よる構造化された問いと指導された討論を通して，子どもたちは17世紀後半
に大坂の商人が台頭した理由をより説得力をもって答えることのできる新し
い理論をメイン・アンサー（MA）として見つけ出すことになる。

　知識の深化（成長）を子どもたちに実感させることは，とても重要なこと
である。まず，自らがもつ理論が説得力に欠ける貧弱なものであることを自
覚させることで，より確実にそうした理論の廃棄を子どもたちに働きかける
ことができる。またこのことは同時に，子どもたちの「真実を知りたい」
「しっかりとした説明力をもつ理論を獲得したい」という動機を刺激して，
彼らの探求活動への参加を促すきっかけにもなるだろう。さらに，最終的に
説明力のある理論を自分は獲得できたのだ，という実感は，学習に対する子
どもたちの信頼，そして併せてこうした学習を実施する教師への信頼を高め
るだろう。加えて，学習に対する自信を芽生えさせることにつながる。

　これまでの科学的探求学習では，中心発問（MQ）が教室で示された際に，
子どもたちに仮説をしっかり立てさせて発表させるようなことはあまりなさ
れてこなかった。時間がかかって手間であり，しかも最終的に子どもたちの

発表した仮説は否定される運命なのだから，あえて子どもに発表させて恥を
かかせることはないと判断されたのだろう。しかしそれでは，子どもたちは
自らの知識の深化・成長を実感できない。そして，こうした実感が子どもた
ちにもたらすメリットをみすみす失ってしまう。

 ## 4 科学的探求の過程としての授業

　なお，ここで議論してきたこと，すなわち，どうして授業において，問い
かけ・仮説設定・議論といった，ある意味で面倒くさい過程が授業において
重視されなければならないのかについて，森分氏は次のようにまとめている
ので紹介しよう。

> **科学的探求の過程としての授業**
> 　科学的一般化・理論は唯暗記したというのでは習得できたとはいえない。
> 「価格決定の法則の一つは，『需要が一定のとき，供給がませば価格は下がる』
> である」と復唱できたとしても，それだけでは習得できたとはいえない。社会
> 科学的一般化・理論を習得するということは，その知識を用いて，社会的事象
> や出来事の原因や影響を，まちがいなく説明し予測することができるようにな
> るということである。商品価格の動きを上の法則を用いて説明し，予測するこ
> とができるようにならなければ習得したとはいえない。科学的理論は，社会的
> 事象・出来事の説明，予測あるいは理論の吟味・検証，すなわち科学的探求の
> 方法をふまえなければ習得できない。法則や理論は，創造し応用し吟味してい
> く過程をふまえないと習得されない。
> 　こうした論に対しては，われわれは，科学的理論そのものをわかりやすく解
> 説されると，むりに科学的探求の過程をふまえないでも，それを理解・習得で
> きるのではないか。理論は，直接教えうるのではないかという疑問がなげかけ
> られるかもしれない。理論は直接教えることはできない。科学的理論の理解も
> 科学的探求の方法をふまえなければならない。科学的理論を理解しようとする
> とき，われわれはその理論のいみしているものをこうではないかと推測して
> 「理論」をつくり，それを当の理論にあてはめている。「需要が一定のとき

——」の法則についてみても，社会科学者が理解している内容＝当の経済学者の「理論」と私が理解している内容＝私の「理論」と，子どもが理解している内容＝子どもの「理論」とでは厳密には異なっていよう。私の解釈，私の「理論」がまちがっていないかどうか，すなわち当の科学的理論と一致しているかどうかは，それを用いて説明するか，予測するかしてみて，それを吟味してゆかなければわからない。まちがっていれば，また，別の推測をして「理論」を創り出していくことになる。そして，「理論」が科学的理論に接近すれば，われわれはそれを習得したとみなすわけである。科学的理論の理解も，先に考察した科学的探求の方法，科学的知識の成長の論理にもとづいてなされている。また，それらにもとづかないと，理解は主観的な「理論」の習得に留まり，科学的なものになっていかないのである。

　理論を教えるということは，子どもに「理論」を創造させ，それをことばによって客観化させ，批判的に吟味していく過程をくりかえすことによって，「理論」を当の科学的理論に接近させていくことである。科学的理論の習得は，科学的探求の方法によらなければ習得されていかない。社会科の授業は，学級という集団における，また，個々の子どもの内面における科学的知識の成長の過程でなければならず，そうあるためには科学的探求の過程として構成されてゆかなければならない。社会科の授業は，科学的知識を科学的探求の方法にもとづいて習得できるように構成されなければならない。

（森分孝治『社会科授業構成の理論と方法』明治図書，1978年，119～120頁）

　上の森分氏の主張は，①社会科学者と私（教師など大人）と子どもとで，同じ法則や理論であってもその理解する内容は厳密には異なる，②だから子どもたちは，常に法則や理論を実際の生活で活用し，法則や理論についての自らの理解するところを厳しく吟味して，社会科学者の理解との間の齟齬（いわゆる「ディシプリン・ギャップ」）を解消していかねばならない，③そのためには，科学的探求の方法も習得していく必要があるので，授業は科学的探求の過程として構成されなければならない，と整理できるだろう。

　こうした森分氏の主張は，現在の社会でも，科学的探求の過程として授業を組織することを正当化する一つの理由として一定の支持を得られるものだろう。ただ，筆者はあまりこの点について強く擁護したいとは考えていない。

というのも，科学者の理解と子どもたちの理解とは厳密には異なっていることについて筆者は同意できるが，科学者が正しい認識をした存在であり，それ以外の者たち，つまり素人が間違った認識をしている存在である，とする前提には同意できないからである。筆者がこの前提を支持しない理由は，それが単純に誤りであるというだけでなく，その発想は民主主義体制を脅かす発想を内包するからである。民主主義社会の最大の脅威は，専門家主義，すなわち素人は専門家に意思決定を任せるべきであるとする考え方である。筆者は素人が専門家の意見を無視して物事を判断することに賛成しないが，「専門家を正，素人を誤」としてしまう発想も，専門家主義を助長してしまい，専門家に無批判に従うような人間を創り出すことになりかねないのであり，賛成できない。

　むしろ筆者は，社会科学の法則や理論について，厳しい吟味を通して，子どもたち各々が自分たちの埋め込まれた社会生活の文脈に合ったものにしていくことこそが，法則や理論の真正なる理解であると考えている。また，そうした理由から，科学的探求の過程としての授業は，社会科において尊重されるべきであると考える。

5 「科学的探求学習」が育成しようとしている学力

　本章の最後に，この科学的探求学習が保障しようと考えている学力について若干話題にしておきたい。かつて森分氏は，次の三角形に見られる「知識」を重視した学力像を用いて社会科の学力を説明してきた。こ

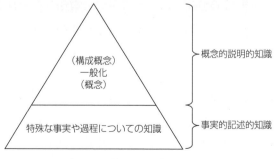

森分孝治「科学的知識の構造」（1978年）

の三角形の図の特徴は，知識を「事実的記述的知識」（情報）と「概念的説

明的知識」（理論）に分けて説明している点である。森分氏はこの２つについ
て，次のように説明している。

事実的記述的知識・情報

　知識は，大きくわけると事実的記述的知識・情報と概念的説明的知識・理論
の二つの層にわけられよう。事実的記述的知識・情報というのは，特殊な事実
や過程についての知識である。「1972年秋みかんが全国的に大豊作となった」
「みかんの供給がいちじるしく増加した」「みかんの価格が暴落した」「〜日に
kg当り〜円であったものが，３日後には〜円になった」云々というのは，我
が国という特定の場所における，1972年秋から1973年春にかけてという特定の
時点における，みかんの価格の暴落という特殊な事実についての知識である。
このように次々に生起していく社会的事象やその過程——それらはすべて一定
の時所における一回的なものであるといういみにおいて特殊的であるが——を
記述した知識が，知識の構造の第一層を成している。理論的には，歴史上，地
理上のあらゆる社会的事象について事実的記述的知識が存在しうるわけであり，
このレベルの知識の量は無限である。事実的記述的知識は，特定の時所におけ
る特定の事象の理解・説明にしか役立たない。1972年のみかんの価格の動きを
記述した知識は，みかん以外の作物の値動き，前年，翌年あるいは外国におけ
るみかんの値動き等について何らの説明もしておらず，それらの理解・説明に
は役立たない。事実的記述的知識は，それが説明している事象や出来事以外の
ものの理解や説明に転移していかない知識である。また，急激に変化，発展す
る今日の社会において，事実そのものが変わっていくと，それを記述した知識
はすぐに古い，事実に一致しないものとなっていく。「〜町付近は田園地帯で
ある」という知識は，大住宅団地が造成されると，事実に合わない古い知識と
なっていこう。事実的記述的知識は，静的で一時的なものである。われわれは
日日，大量の情報に接しているが，それらの内，記憶され保持されていくのは
少量である。（以下略）

概念的説明的知識・理論

　知識の第二層をなすものは理論である。理論は概念と一般化（筆者註：法則
のことである）と構成概念とからなっている。（中略）

　一般化は，特殊な事実や過程を説明する概念的な知識で，論理的には「〜な

らば，〜である」という形式をとる。「需要が一定のとき，供給が増せば価格
は下がる」という知識は，1972年のみかんの価格の大暴落に関する諸事実を関
連づけ，それがなぜ起こったかを説明するものである。しかし，それは，1972
年のみかんの値動きのみを説明するものではない。需要と供給の変化から価格
の変化を説明する一般化・法則は，あらゆる市場経済におけるあらゆる商品の
価格の変化に適用しうるものである。それは，商品価格の変化にかかわる諸事
実を関連づけ，価格の変化を説明し予測することを可能にさせる知識である。
一般化も，社会の動きによって事実に一致しない知識となっていく。経済体制
が市場経済から統制経済に移行すれば，上の法則も有効性を失ってこよう。し
かし，事実的記述的知識と比較すれば，一般化はより永続的な知識である。一
般化は，事実間に関連を与え，洞察や理解のための脈絡を与える知識である。
それは，広範囲の出来事・事象の理解や説明，予測に役立つ動的な，より永続
性のある知識である。

(森分孝治『社会科授業構成の理論と方法』明治図書，1978年，103〜105頁，一部略，一部改)

　なお，本書49〜50頁で言うところの命題C（因子）やE（結果）は，ここ
で言うところの「事実的記述的知識・情報」に該当する。また命題L（法
則）は，「概念的説明的知識・理論」に該当する。

　こうした森分氏の三角形の学力図は，概念や法則・理論に社会科教師の目
を向けさせた点で高く評価できるが，知識偏重学力観を社会科教育関係者に
蔓延させてしまったことは否めない[5]。そしてこのことは結果として，森
分氏の『社会科授業構成の理論と方法』が学校現場に教師と子どもたちとの
議論を中心とした探求スタイルを広く生み出す原動力になりきれなかったこ
との一因となったと筆者は考えている。

　本章を通してもわかるように，森分氏が探求学習を通して子どもたちに育
成したかったことは明らかに，知育を超えたものがあった。例えばそれは，
社会的事象（特に社会的問題）の背景構造を読み解くために，「なぜ」と問
いかけて社会諸科学の視点や法則を総動員して探求していく姿勢であるだと

---

[5]　森分氏の学力論が知識偏重であるとの批判は，次の小原氏の研究などに見られる。
　小原友行「社会的な見方・考え方を育成する社会科授業論の革新」『社会系教科教育学研究』10，1998年。

か，問いを構造的に組織して立ち向かうといった探求の手順であるとか，知的廉直と開かれた心をもって集団での議論を進めていく態度であるだとか。これらは明らかに知識に留まるものではなく，「技能」，さらには「情意」にまで及ぶホリスティックな学力像と言えるだろう。

　しかし森分氏自身，そのことを学力図に上手く表現できたとは言いがたい。この後，この学力図は森分氏によって度々修正されることになるが，最後まで「技能」は図中に明確に位置づけられることはなく，また「情意」は教室で育成する対象から外される形で示され続けた。確かに森分氏の社会科教育論は，社会的事象の読み取りを重視する反面，価値判断や社会的行動を脇に追いやる傾向にあり，その意味で知育重視であった。しかし，だからといって森分氏の提唱する科学的探求学習を，「技能」や「情意」の育成と関わりがない学習と結論づけるべきではないだろう。そのように解釈することは，この学習の魅力を半減させてしまうことになる。

第4章

「問いの構造図」づくりと教材研究

問いの構造図，知識の構造図というのは，もともと森分孝治氏の提唱した
ものであり，彼の提唱した科学的探求学習の授業を作成したり，様々な社会
科の授業の構造を分析したりするのに活用されてきた。ただ従来の森分氏の
提唱する科学的探求学習では，知識の構造図が重んじられ，知識の構造図か
ら授業計画が設計され，知識の構造図をつくることが授業分析をすることと
同義となっていた。対して問いの構造図は，この知識を子どもたちの頭の中
に埋め込むための手続き，もしくは手段といった位置づけであった。本書で
の筆者の企ては，この発想を逆にして，問いの構造図から授業をつくること
にあり，知識の構造図は，そうした問いを探求した結果として生じる代物に
格下げすることにある。

　問いの構造図は中心発問（Main Question：MQ）と下位の問い（Sub-
Question：SQ）からなる。例えば中心発問（MQ）に「なぜ17世紀後半に大
坂で商人文化が花開いたのか」を設定したとしよう。これにすぐに明瞭かつ
詳細に答えることのできる子どもはそう多くはないだろう。この難題に答え
るためには，いくつか下位の問いを系統的に設定して，一つずつ問題解決を
してアプローチしていくしか方法がない。例えば「江戸の町と大坂の町はどう
違うのか，江戸には商人はいなかったのか」「なぜ17世紀後半になって各地
の大名は米を大坂や江戸に送るようになったのか」「米の増産が顕著であっ
たのはいつか」「なぜ18世紀の途中から米の増産ではなく商品作物の生産に
重点をシフトするようになったのか」「なぜ商品作物は江戸よりも大坂に多
く集まったのか」……こうした下位の問い（SQ）に答えていくことでしか，
私たちは中心発問（MQ）の解答に近づいていくことができないのである。

　また，SQ「なぜ18世紀の途中から米の増産ではなく商品作物の生産に重
点をシフトするようになったのか」のように，SQ の中にもすぐに答えるこ
とが難しい問いもある[6]。この場合は，さらに下位の下位の問い（Sub-Sub-
Question：SSQ）を設定し，これを一つ一つ解決していくしかない。「全国

━━━━━━━━━━━━━━━━━━━━━━━━━━━━━━━━━━━

[6]　なお，SQ において，こうした下位の下位の問い（SSQ）を構成することになる問いは，問いの性質
（本書第3章参照）を踏まえるなら，「なぜ，どうして」の問いにほぼ限定される。

での米の増産は，何を引き起こすか」「全国で商品作物の綿花を作ったら，米と同じように値崩れするのではないか。米より綿花を栽培することの強みはどこにあるのか」「一番利益を生んだ商品作物には何があるのか。なぜそれは高値で取引されたのか」……。

こうした問いの性質を踏まえると，問いの構造図をつくる上で，MQとSQは入れ子の関係となる。またSQとSSQも入れ子の関係になる。図に示すと以下のようになる。

MQ
　SQ 1
　　SSQ 1 − 1
　　　　⋮
　　SSQ 1 − X
　SQ 1
　SQ 2
　　　⋮
　SQX
　　SSQX − 1
　　　⋮
　　SSQX − X
　SQX
MQ

問いの構造図づくりと教材研究の実際

問いの構造図からつくる探求学習における最初の難関は，問いの構造図をつくることそれ自体にある。ここで誤解をしてはならないのは，問いの構造

図をつくるにはテーマとなる事柄について莫大な知識が「事前に」必要となるという思い込みをもたないことだ。もちろんいかなる授業づくりも，テーマについての知識が大なり小なり必要となるし，問いの構造図からつくる探求学習の授業も当然，かなりの知識が「結果的に」必要となってくるが，こうした問いの構造図からつくる授業の特徴は，問いの構造図をつくることと教材研究とが「同時に」行われる（または構造図づくりが結果的に教材研究を呼び込む）点にある。

　これについて具体的に説明してみたい。ここでは仮に，江戸幕府の閉鎖的な外交政策をテーマに授業をすることを前提として議論してみよう。まず探求型の授業というのは，原則として「なぜ」「どうして」という問いを「中心発問（MQ）」として設定する。中心発問を設定する理由は，授業が一問一答のクイズ番組的な流れになることを防ぎ探求を学級内に生み出すために，ちょっと調べたり推測したりするくらいでは解くことのできない問い（「『問い』と『答え』までの距離が長い」と表現されることがある）を軸に授業をつくる必要があるためである。またそこでの問いを原則「なぜ（why）」にする理由は，前章でも説明したが，「なぜ」という問いが，他の「いつ」「どこで」「誰が」「何を」「どのように」の問いとは性質が異なることにある。５Ｗ１Ｈと言われる疑問詞の中で，唯一，推論を求める問い，すなわち「仮説をつくること」を要求する問いだからである。仮説を生み出して議論を求める問いを学習の中核に設定しないなら，子どもたちによる「探求」が授業において生じる可能性は低い。そのため，「なぜ」という問いは探求学習にとって大変に重要になってくるのである。そこで，「なぜ江戸幕府は外国との交流を制限したのだろう」という問いを中心発問と設定したとしよう。

　次に，授業者はこの中心発問に答えるために，どういった下位の問いが必要となるのかを考えなければならない。これは普段から科学的・探求的に物事を考える習慣のある人には感覚的にできることなのだが，そうした習慣のない人には，なかなか容易にはできないことであるようだ（あくまで筆者の私的な感想ではあるが）。この点について，筆者としては，そうした感覚を

もたない人は社会科の教師をするなと言いたいところだが，我が国の場合，それではほとんどの人が社会科教師になれないことになり，それはそれで困った事態が生じてしまう。問題はむしろ，この下位の問いづくりを教師の経験や感覚に任せて，その具体的な手順をこれまではっきりと示してこなかったことにあるのではないだろうか。

とはいえ，この「感覚的になされていた」ことを，誰もが再現可能な形に可視化・文章化するというのは容易なことではない。筆者としては，これから示す手順は，あくまで問いの構造図をつくり出すための一つの事例に過ぎないことを前もって断っておきつつ，ある程度，誰でも問いの構造図をつくることができる手順として，学者が研究する際にとる手続きを参考とした次のやり方を紹介したいと考えている。

学者（ここでは特に因果関係の構造の分析を得意とする「分析型」の学者のことを意味する）は実際に物事を探求する際，まず事実の整理を丁寧にすることから始めるのが一般的である。そのことを踏まえると，筆者としては，まず，５Ｗ１Ｈのうち，複雑な思考を求める「なぜ（why）」という疑問詞を除いたその他の疑問詞（４Ｗ１Ｈ）で整理することをお勧めする。江戸幕府が外国との交流を制限したという現象について，４Ｗ１Ｈで整理すると次のようになる。

「誰が」……江戸幕府（徳川家光政権）が
「いつ」……17世紀前半に
「どこで」…長崎の出島（薩摩・琉球，対馬，松前）だけで
「何を・どのように」…オランダ・中国・朝鮮だけに実質的に制限した。
　　　　　　　　　　　日本人の海外渡航を禁止した。
　　　　　　　　　　　貿易品や貿易量も規制をかけた。
　　　　　　　　　　　長崎での貿易は幕府しかできなかった。

学者は，最初の段階で事実を整理したら，その次の段階で，それぞれの事

柄の生じた理由を考える手続きをとるのが一般的だ。そのことを踏まえ，とりあえずそれぞれの事項の「なぜ」を考えてみると以下のようになる。

・なぜ，江戸幕府（徳川家光政権）なのか？

・なぜ，17世紀前半なのか？

・なぜ，長崎の出島（薩摩・琉球，対馬，松前）だけなのか？

・なぜ，オランダ・中国・朝鮮とは付き合ったのか？

・なぜ，日本人の海外渡航を禁止したのか？

・なぜ，貿易品や貿易量に規制をかけたのか？

・なぜ，長崎での貿易は幕府が独占したのか？

　ただ，実際に学者はこのように単純に「なぜ〜？」と問うことは少なく，「〜ではなく，なぜ…なのか？」と問いかけることが多い。このことを踏まえて，上の諸言説を「なぜ〜ではなく，…なのか？」といった表現に転換できる箇所はそのように転換する努力をしてみよう。そうすると，例えば以下のようにまとめることができるのではないか。

・なぜ，家康・秀忠政権ではなく，家光政権なのか？

・なぜ，17世紀初期ではなく，1630年代なのか？

・なぜ，長崎の出島（薩摩・琉球，対馬，松前）だけなのか？

・なぜ，スペイン・ポルトガルとは付き合わず，オランダ・中国・朝鮮とは付き合ったのか？

・なぜ，日本人の海外渡航を禁止したのか？

・なぜ，貿易品や貿易量に規制をかけたのか？

・なぜ，長崎での貿易は幕府が独占したのか。なぜ，その一方で琉球・対馬・蝦夷ルートは，それぞれ担当をする藩に貿易権が幕府から認められた（黙認された）のか？

　ここまで整理してから，漸く，学者はこれらの問いに答えるための研究に取り組むことになる。一見面倒な手続きのようにも思えるかもしれないが，結果的にポイントを絞った効率的な研究ができるようになる。教師の教材研究にも，大変に参考になるやり方ではないだろうか。「急がば廻れ」である。

　ただこの段階で，教師には学者とは異なる手続きを是非ともとってもらいたい。それは，①「これらの問いに対する子どもたちの一般的な見解は何か」と問いかけて調べること，そして，②その見解の正誤や説明の合理性について検討することである。ちなみに，この「一般的」な見解として参考になるのが，小・中学校の教科書や参考書の記述，そして歴史漫画である。我が国の子どもたちの歴史の学びは様々な場面で行われているが，その中でも特に教科書と歴史漫画が子どもたちの歴史観に与える影響は少なくないと思われる。もちろん，子どもたち全員がこの「一般的」な見解を共有しているとは限らないのだが，授業を実際に作成するに当たり，子どもたちの「一般的」な歴史観を知る手段として，必ず一読しておきたいところである[7]。

　例えば，家光政権が「鎖国」政策（海禁政策）に踏み切った原因として，一般的には，キリスト教の伝播を幕府が防ぎたかったからということがよく挙げられているようである[8]。これについては，スペインやポルトガル船の来航を禁止し，オランダも長崎の出島で年間わずかな貿易をするだけに制限する政策（俗に言う「鎖国」体制[9]）（1639年）に舵を切る直前に島原の乱（1637〜1638年）があったことや，この体制の完成に至るまでの経緯を踏まえると，原因の一つとして無視できない事実と言える。また，オランダが貿易を許され，スペインやポルトガルが許されなかったのは，スペインやポルトガルが宣教師を連れてきてキリスト教の布教をしようとしてくるのに対して，オランダは宣教師を連れてこないし布教も試みないことにあると言わ

---

[7]　こうした「一般的な」見解は，当然ながら実際に問いを子どもたちに尋ねたときに，彼らの仮説として出てくる可能性が高いものである。子どもたちがどんな予想をするのかについて教師が前もって知っておくことは，子どもたち主体の生き生きした探求活動を生じさせていく上で不可欠なことである。
[8]　例えば，小学館の歴史漫画『日本の歴史』は，「鎖国」政策の背景にキリスト教への警戒があることを意識的に描いている。その一方で，貿易問題（必要量の中国産生糸の入手）の話題は出てこない。

れているが，これも概ね正しいだろう。また，幕府が日本人の海外渡航を禁止し，また渡航した日本人の外国からの帰国を禁止したのも，幕府のキリスト教流布への警戒という観点から合理的に説明ができる。

　ただ，この観点からでは「なぜ家康・秀忠政権の下ではなく家光政権の下で」いわゆる「鎖国」政策（海禁政策）を行ったのか，という問いには十分に答えられない。なぜなら，（少し調べればわかることだが）幕府のキリスト教への警戒や弾圧は家康・秀忠の時代にはすでに顕著であったからである。むしろ，家康・秀忠政権がキリスト教の布教に拘るポルトガルとの貿易を続けたことの方が不自然ですらある。ではどうして，江戸時代初期，幕府はポルトガルとの貿易を続けたのか。この理由についてはあまり知られていないし，多くの教師も知らない事実であろう。だから教師は調べる必要が出てくる。なお筆者の教材研究によると，当時，良質の中国産生糸は国外に持ち出し禁止なのだが，ポルトガルのみマカオ経由での取引が許されており，ポルトガル船によって日本に安定的にもたらされていたからであるという事実を見つけることができた（ほとんどが西陣織の原料になる）。実は，島原の乱の後ですら，幕府は，中国産の生糸が入手できなくなるとの危惧から，ポルトガル船の来航禁止をためらったというのだ[*10]。またここから「なぜ江戸幕府は中国から直接生糸を買わないのか」という疑問が出てくるはずである。これについても，歴史学の研究を踏まえれば，その事情は見えてくる。まず江戸幕府は，秀吉の朝鮮出兵後の関係回復を朝鮮王朝とは図ることができた

＊9　「鎖国」という概念は，少なくともこの当時にはなかったということは，近頃話題になったところであり，このことは筆者も承知している。ただ，島原の乱以降の家光の対外政策は極めて消極的かつ閉鎖的になったのもまた事実であり，19世紀の蘭学者が自国のこうした外交政策を「鎖国」と表現したのも一理あると言え，家光のこうした外交政策を，ここではカッコつきの「鎖国」政策と呼ぶこととした。なお，「江戸時代の日本は鎖国していたというのは大いに嘘」といった表現を時々目にしたり耳にしたりするが，この表現は，この時代の外交政策に対して逆に誤解を与えかねないのではないか。なお，当時，東アジアは多くの国々が海禁政策を実施していたのであり，日本だけの特別な事情だったわけではない。簡単に「鎖国」という言葉を消してよいのか疑問を唱える研究者もいる。例えば，村井淳志「この歴史用語―誕生秘話と生育史の謎を解く：「鎖国」研究主流は「鎖国」という言葉を抹殺しつつあるが，本当にそれでよいのか？―「鎖国」研究史を追跡して思うこと」『社会科教育』9月号，2009年。
＊10　金七紀男氏の研究を参考にした。

が，明王朝との関係は悪いままであった。また，明を滅ぼした女真族の清王朝に対して，江戸幕府は「蛮族の王朝」として正式な国交を求める交渉努力をしなかった。明・清との正式な国交がないので，江戸幕府は直接中国から「朝貢（勘合）貿易」という手段で生糸を入手することができなかったのである。ただし，中国の密航船が多少なりとも日本に生糸を運んできており，明・清朝政府はこれを完全には取り締まれなかった上，やがて清朝の時代には中国国内の銅不足から日本産銅（主に江戸時代の前期に住友が開発した別子銅山と幕府の直轄の足尾銅山から産出された）を必要とするようになり，日本に中国産生糸を売ることを清朝政府は黙認するようになったが，少なくとも江戸時代初期の段階では中国船から中国産生糸を必要量入手することは不可能だったようである。また併せて，「オランダから中国産の生糸を入手できなかったのか」という疑問も生じることになる。これについても，歴史学の研究を踏まえれば，だいたいの事情がわかってくる。新興国であるオランダは明王朝との直接の貿易が認められていなかった上，当初は中国の生糸を安定的に入手する拠点をもっていなかったので[11]，江戸幕府側の期待にすぐには応えることができなかったのだ。ところがオランダは，1624年に清との戦闘を通して台湾の南側を占領して東アジア貿易の拠点とし，この島に中国人の生糸の売人が常時滞在していることを確認し，生糸を安定的に入手することができるようになった。幕府はこうした事実があることを島原の乱の後に確認し，オランダから中国産生糸の必要量を入手できると判断して，最終的にポルトガル船の来航の禁止に踏み切ったのである。

　さて，ここまできたら，ひと段落つけて，問いの構造図をつくるべきである。その作業はあまり難しいものではない。なぜなら，ここまでの研究（探求）の流れを，ほぼそのまま問いの形で再現して配列すればよいからである。特に配慮したいのは，まず子どもたちに一般的な見解を出させる問いを前半に出し，そしてその見解では答えることのできない問いを後半に設定するこ

---

*11　栗原福也氏の研究を参考にした。

とである。

　つまり，以下のようになる。

●**基本情報の確認（４Ｗ１Ｈ）**

　Ｑ：「鎖国」と呼ばれてきた体制は，いつ，誰の，どの法令によって
　　始まったのか。

　Ｑ：その内容はどのようなものなのか。

　Ｑ：例外的に貿易が認められた藩はどこか。貿易相手はどこか。

●**中心発問（why）**

　ＭＱ：なぜ江戸幕府は外国との交流を制限したのだろう。

●**一般的な見解の創出**：「『鎖国』の背景に幕府のキリスト教への警戒心
　がある」

　ＳＱ１：なぜ幕府は，スペイン・ポルトガルとは付き合わず，オラン
　　　　ダ・中国・朝鮮とは付き合ったのか。

　ＳＱ２：なぜ，日本人の海外渡航を禁止したのか。

　ＳＱ３：なぜ，オランダとの貿易も長崎の出島１か所に制限されたの
　　　　か。

●**矛盾→深い探求へ**：「『鎖国』の背景には中国産生糸の入手ルートを確
　保したこともあった」

　ＳＱ４：キリスト教への警戒は家康・秀忠時代に顕著になっていたが，
　　　　なぜキリスト教徒への布教に拘るポルトガルの締め出しを家康・秀
　　　　忠政権は行わなかった（つまり17世紀初期には行わなかった）のか。
　　　　〔予想させるだけ〕

　　ＳＳＱ：ポルトガルから日本が当時輸入していたものは何か。日本か
　　　　　らポルトガルに輸出していたものは何か。

　　ＳＳＱ：国産の生糸と中国産の生糸との違いはどこにあったのか。

　　ＳＳＱ：なぜ幕府（家康・秀忠政権）は中国から直接生糸を買わない
　　　　　のか。買えないのか。理由は何か。

> SSQ：幕府はオランダから中国産の生糸を入手できなかったのか。
>   その理由は何か。
> SSQ：家光政権がポルトガル船来航を禁止した後，幕府は中国産生
>   糸をどこから入手したのか。
> SSQ：島原の乱が終わった頃までに，なぜオランダは中国産生糸を
>   安定的に入手することができるようになったのか。（どこから入
>   手していると考えられるのか。なぜ台湾から入手できたのか。）
> SQ4：キリスト教への警戒は家康・秀忠時代に顕著になっていたが，
>   なぜキリスト教徒への布教に拘るポルトガルの締め出しを家康・秀
>   忠政権は行わなかった（つまり17世紀初期には行わなかった）のか。
>   〔SSQを踏まえてのまとめ〕

　さてここでもう一つ，長崎での貿易を幕府が独占した理由についても考え
てみよう。一般的には，他の大名たちに外国との貿易で儲けさせないため，
貿易による利益を独占するため，そして外国から新しい情報や武器を入手さ
せないためといった理由が語られることが多いのではないか。もちろん，こ
れも大きな理由であることは確かだろう。しかし，これは「なぜ幕府は長崎
での貿易の貿易額や貿易量を制限したのか」という問いに合理的に答えるこ
とができない。幕府が貿易で儲けたいのなら，貿易量に制限をかけることは
矛盾した行為だからである。この理由については，比較的に多くの高校教師
は知っていると思われるが，もし知らないのであれば，調べてみればすぐに
歴史学の研究成果がその答えを教えてくれる。貿易は大量の日本産の金銀の
流出を招くものであり，だから幕府は17世紀中盤の一時期を除いて，貿易量
の制限をしていたのである。貿易の幕府による独占の目的の一つは，日本の
金銀の海外流出を管理することがあり，鉱山からの金銀産出量の減少が顕著
になった17世紀後半から規制は強化された（家光政権の頃には産出量が減っ
ていた）。各大名が好き勝手に貿易をすると，金銀の流出がますます加速す
る危険性が高くなってしまうのであり，こうしたことが，幕府が大名に貿易

する自由を認めなかった理由の一つにある。

　こうした事実を確認すると，「何を輸入するのに金銀を支払ったのか」「どれだけの金銀を貿易で支払ったのか」「その財源はどこから得たのか」「なぜ制限せねばならなくなったのか」といった問いも連続的に発生することになるだろう。これらも調べると比較的にすぐに答えを見つけることができるものばかりである。17世紀前半の朱印船貿易時代の主な輸入品はもっぱら生糸と絹織物である。日本産の銀は中国の通貨事情を支えるまでになった。1560年から1640年までの80年間で9450トンの日本の銀が中国に流出したという試算もある。財源はもちろん，ヨーロッパにもその名を知られた石見銀山と，佐渡銀山，生野銀山で，そのいずれもが幕府の直轄地である。ただし，石見銀山は17世紀前半に産出量がピークに達して以降，徐々に産出量が減少し，1675年には管理は奉行所から代官所に格下げになる。佐渡の銀山も17世紀前半に産出量がピークになり，その後産出量は減少する。一方で国内市場が大きくなるとともに国内での貨幣需要も拡大し，これに併せて幕府は金や銀より銅での支払いを重視するようになる。

　ここまできたら，これまでの流れを問いの構造図に整理して表してみよう。

●一般的な見解の創出：「幕府が大名に貿易を許さなかったのは，『大名を儲けさせたくない』『幕府は貿易での利益を独占したい』と考えたから」

　SQ 5：なぜ，一部例外を除いて貿易は幕府が独占したのか（他藩の貿易を認めなかったのか）。

●矛盾→深い探求へ：「幕府が大名に貿易を許さなかったのは，『金銀の海外流出を防ぎたい』と考えたこともある」

　SQ 6：なぜ，幕府は長崎貿易での貿易量に規制をかけたのか。たくさん貿易した方が儲かるのではないか。〔予想させるだけ〕

　　SSQ：オランダ・中国への輸出品・輸入品は何か。

　　SSQ：当時，年間どのくらいの金銀を支払っていたのか。

> SSQ：なぜそんなに幕府は金銀を持っていたのか。
> SSQ：それだけの金銀を有していたのに，なぜ貿易を制限したのか。
> SSQ：金銀の代わりに，長崎から何を輸出するようになったのか。
> SSQ：なぜ銅の輸出は認められたのか。
> SQ6：なぜ，幕府は長崎貿易での貿易量に規制をかけたのか。たくさん貿易した方が儲かるのではないか。〔SSQ を踏まえてのまとめ〕

　では，幕府が薩摩藩や対馬藩，松前藩に例外的に貿易を認めたことの理由については何があるのだろうか。こちらについては，あまり高校教師の間でも知られていないのではないか。だからこそ教材研究が必要となってくる。筆者が歴史学の研究を調べた限りでは，次のようなことが明らかとなった。

> ・朝鮮，琉球ともに中国王朝の冊封を受け，中国王朝から正式に生糸や絹織物を輸入する権利を得ていた。長崎での中国との貿易は密航船を相手にしているので，より確実に中国の生糸や絹織物などを入手するルートを幕府は確保したかった。
> ・江戸時代成立以前に対馬は朝鮮王朝の冊封を受けて家来になっていたため，朝鮮王朝との貿易を優遇されていた。また薩摩も，江戸幕府成立以前からすでに琉球で影響力をもっていた実態があり，さらに家康の時代に薩摩は実質的に琉球王朝を支配するようになった。
> ・蠣崎（松前）氏も江戸幕府成立以前からアイヌと貿易をしていた。
> ・幕府が米の取れない対馬，松前の財政事情を考慮した。
> ・薩摩と対馬は通信使や使節団を江戸に送る体制を整え，幕府の威光が遠くにまで及んでいることを庶民にアピールするようにした。幕府はこれを歓迎した。
> ・薩摩は規模の大きな藩（大きな力をもつ外様大名）なので，貿易の権利を幕府が奪うのは難しかった。

・明朝・清朝政府も薩摩の琉球支配を途中から認めていた。
・当初，松前氏のアイヌとの交易は利益が少ないと幕府は見ていた。

　なお，先ほどの長崎貿易での金銀の流出の事実を踏まえているので，ここ
で「薩摩の琉球を経由した貿易や対馬の朝鮮貿易は，日本国内の金銀の海外
流出を助長しなかったのか？」といった疑問が自然と出てこよう。これにつ
いても，歴史学の研究から，次のようなことを確認できる[*12]。

・幕府は貿易額について薩摩や対馬に制限をかけた。
・幕府は後に輸出産品を生み出す努力をして（俵物や漆器・陶器の輸出
　強化），加えて朝鮮人参の国産化，生糸生産の品質向上を図り，そし
　て銅による支払いを強化したことで，国内の金銀の流出を抑えようと
　した。

　これらを踏まえて問いの構造図をつくってみよう。これも研究での探求の
流れに沿って問いを配置することを原則として設計してみた。

SQ 7 ：例外的に外国との貿易が認められた藩があるのはなぜか。〔予
　　想させるだけ〕
SSQ：薩摩藩が琉球を通して輸入した（貢納させた）品にはどのよ
　　うなものがあるのか。琉球を通して輸出した品にはどのようなも
　　のがあるのか。対馬藩が朝鮮王朝と取引した品にはどのようなも
　　のがあるのか。松前藩がアイヌと取引した品にはどのようなもの
　　があるのか。
SSQ：朝鮮から輸入されてくる「生糸」「絹織物」はどこで産出さ
　　れたものが主なのか。

*12　上原兼善氏らの研究を参考にした。

SSQ：長崎での対中国貿易に比べて，琉球や朝鮮を経由して中国産生糸などを輸入することのメリットは何か。

SSQ：なぜ対馬藩は，朝鮮王朝と直接貿易することのできる特権を朝鮮王朝から認められていたのか。

SSQ：なぜ薩摩藩は，琉球が中国王朝との正式な貿易で得た生糸を優先的に手に入れることができたのか。

SSQ：薩摩藩の琉球支配を中国王朝はどのように考えていたのか。認めていたのか。認めていないとすれば，何らかの制裁を薩摩に科したのか。なぜ科さなかったのか。

SSQ：幕府はなぜ薩摩藩や対馬藩，松前藩に外国との貿易を認めたのか。

SSQ：実際のところ幕府は薩摩藩や対馬藩に代わって貿易をすることができたのだろうか。もし幕府が薩摩や対馬に代わって貿易をするとして，そのことで生じる問題は何か。

SSQ：もし薩摩藩，対馬藩，松前藩は貿易が認められなかったら，どのような困った事態が生じるのか。

SQ7：なぜ幕府は，薩摩藩，対馬藩，松前藩には，例外的に，外国との貿易を認めたのか。〔SSQ を踏まえてのまとめ〕

SQ8：対馬の朝鮮との貿易や，薩摩の琉球経由の貿易は，金銀の海外流出を助長しなかったのか。幕府はどのような対策をとったのか。

　ここまで問いの構造図をつくることができたら，いよいよ MQ を再登場させて，まとめの段階に入ることになる。ここで問いの構造図が「ほぼ」完成することになる。

第5章

「問いの構造図」からの指導案づくり

本章では，実際に問いの構造図を指導案へと転換していくに当たっての具体的な作業法について示していく。科学的探求という性質を損なわない形で，実際的な指導案をつくるにはどうすればよいのか。特にここで鍵となると筆者が考えるのは，授業において実際に用いることになる教材用資料である。

　せっかく子どもにとって自然な（少なくとも違和感を覚えにくい）探求の過程を可能とする問いの構造を教師が生み出せたとしても，その問いを解き明かすために用いられることになるこうした資料がもっぱら教師側から提供されたり，資料の読み取り方について教師が指導したり方向づけたりしているようでは，実に興ざめである。探求学習と言うからには，問いに答えていくために必要となると思われる資料を子どもたち自身に探させたり，資料から様々な発見や解釈を見つけ出していく場を保障したりすることで，はじめて真の探求学習と言えるだろう。

　とはいえ，資料収集の全てを子どもたちに任せてしまうと，かなりの確率で授業時間が不足してしまう事態に陥るであろうし，子どもたちの生活環境（教師が求める資料を入手できる環境にいるかどうか）が彼らの学びにストレートに影響するであろうし，様々な理由から実際的に問いに適切に答えるために必要となる資料を子どもたちが見つけることができないといったこともしばしば生じるであろう。こうした事態が生じると，知的な質保証ができないばかりか，結果として子どもたちに探求というプロセスをフラストレーションの溜まる億劫なものと印象づけてしまい，学びからの逃走（そして暗記社会科への回帰）を助長するという逆効果を招いてしまう危険性すらある。

　こうしたジレンマに対して，本章ではこれまでにない新しい方針を示す。なお，議論が抽象的なものにならないように，第4章で筆者が示した江戸時代の海禁政策をテーマにした授業構想（問いの構造図）を実際に指導案に転換していく中で，できる限り子どもたちに自然な探求を保障するために必要となる教材資料の収集の実際を示すことにしたい。

基本方針

　子どもたちが自らの手で必要となる資料を発見するためには，何が必要になってくるのか。筆者としては，次のような学習環境を整備しておくことと，指導案作成上（教材資料選択上）の指針を定めておくことを提案したい。

　●学習環境

(1)　子どもたちには最低でも 1 冊は資料集を持たせておくこと。

(2)　教室には複数の資料集や用語事典を置いておくこと。

(3)　インターネットがつながる環境にあること。

(4)　授業は原則として班活動で行う。普段から授業の内外で班活動を取り入れ，子どもたちの人間関係を良好にしておく。

((1)(2)(4)は絶対条件，(3)は可能であれば。)

　●指針

(1)　教師は授業化に当たっては，子どもたち自らが資料発見できるように，極力子どもたちに配付した資料集や教科書に掲載されている資料を最大限用いること。

(2)　図書やインターネット上から資料を探させる場合も，子どもたちが自力で検索して探し出すことができるような資料を積極的に用いること。

(3)　インターネット上の資料の場合，資料の出典や資料の信憑性について議論するようにできるだけ働きかけること。子どもたちにその判断がつかない場合は，教師も議論に入って子どもたちの納得のできる判断を共に下すように努めること。

(4)　教師側から資料を子どもたちに提供するのは，資料集に掲載されている資料や，子どもたちがネット検索などで容易に入手できる資料などでは対処がどうしてもできないときに限ること。

(5)　授業において教師が資料を示す場合，その資料の登場の根拠が子どもに理解・納得できるようなものであること。

---

(6)　子どもたちの発達段階に応じてではあるが，特に歴史の授業では，極端に一次資料の解読に拘らないこと。歴史的仮名遣いを改めること，文語体を口語体に改めること，数値資料をグラフ化すること，複雑な情報を図化することについては，いとわないこと。ただし，原典や根拠資料も併せて子どもたちに示す努力をすること。

(7)　教科書や資料集の資料であっても，出典が示されていない資料（大抵は図表などの資料）については，教師はその根拠について裏をとっておくこと。また，別の会社の教科書や資料集がどのように示しているのか，比較研究しておくこと。

　従来の探求学習では，多くの場合，そこで取り扱われる資料はもっぱら教師の手によって教師の側から「準備されるもの」であった。このことは，教師がついつい自分にとって都合のよい解釈や授業展開に学習者を誘導しようとして，都合のよい資料を選び出してしまう事態を生み出してきた。その全てを禁止することは非現実的であるが，探求学習が「子どもたちの」探求の学習としたいのであれば，少なくとも教師はそうした資料の登場が子どもたちの目に不自然に映るようなことがないように配慮する必要があるだろう。

　子どもたちにとって身近にあって，手に取りやすい資料は，教科書や資料集に掲載されている資料であろう。教師はできる限り，子どもたちが年度初めに指定した1冊の資料集や1冊の教科書に掲載されている資料を用いて考えることができるように，授業を組み立てていけることが理想的である。だが探求学習を進めていく上で，必要となる資料の全てが1冊の教科書や資料集に掲載されているとは限らない。そこで次に教師がすべきことは，他社の教科書や資料集に掲載されている資料を活用することである。指定の資料集は子どもたち1人に1冊配付しているとして，それ以外の会社の資料集も，社会科授業の際には是非活用できるような環境を設定しておきたい。例えば班活動を組織することで，各班に数冊ずつ他社の資料集を配付するというやり方などが考えられるだろう。

　また，教科書や資料集に掲載されている資料をできる限り活用することの
その他のメリットとしては，掲載されている資料はその大半が子どもたちに
とって読解可能なレベルであり，また読解困難な資料については編集者によ
る「解説」が載っていることが多いので，子どもたちの躓きをできる限り抑
制してあげることができる点にある。

1 資料集の選択について

　筆者としては，拘る1冊の資料集として，第1章でも用いた『歴史資料
集』（新学社）の2017年版を用いることにした。たまたま筆者の手元にあっ
たこと，資料にそれぞれ番号が振られていること，そして比較的に現場で普
及していることが，今回活用した理由である。なお，資料集の選択について
は，最終的には各教師が自由に行えばよいと筆者は考えている。筆者は新学
社の『歴史資料集』を活用するが，この資料集がどの教師の探求学習にもマ
ッチするのかどうかはわからない。どの会社の資料集がその教師が考えてい
る探求学習に向いているのかについては，筆者の側で決定することはできな
いので，各自で選択してほしい。

　この新学社『歴史資料集』に限らず，一般に，中学校用の資料集は高校用
の資料集に比べると掲載されている資料の量が少ない。しかし，その分，教
師が歴史の各単元を教える上で最低限必要だと考える資料が厳選され，しか
も大きくわかりやすく掲載されている点に特色がある。この大きくわかりや
すいこと，内容が厳選されていることは，資料集を選ぶ上で大切な要素であ
る。なぜなら，子どもたちに資料について時間をかけて吟味させるなら，資
料が鮮明であること，大きく掲載されていること，そして資料を探しやすい
ことは絶対条件だからである。

　加えて，大抵はどの会社の資料集にも，大規模で比較的に詳細な年表が掲
載されている。『歴史資料集』の場合，2〜15頁にかけて大規模で比較的に
詳細な年表が掲載されている。この年表は世界史の年表と日本史の年表が並

行に示されている点に特徴があり，日本（列島）の歴史事項については，主に政治史からなる「日本の出来事」と，社会・文化史からなる「日本の文化」が分けて示されている。年表の充実は資料集選択をする上で重視したいポイントである。

2 掲載資料の整理と吟味

先の問いの構造図が取り扱っている問いやテーマは，簡潔に言えば「江戸時代前期の貿易体制」である。これは，『歴史資料集』の「朱印船貿易から禁教へ」と「鎖国下の対外関係」の節が該当する。ここには次のような資料が掲載されている。

「貿易の統制とキリスト教の禁止」（2頁分）

❶朱印船貿易の様子：「茶屋船交趾渡海貿易絵巻」

❷朱印状発行先の割合（円グラフ）：岩生成一『朱印船貿易史の研究』（弘文堂，1958年）より引用

❸朱印船による輸出入品（帯グラフ）：出典不明。岩生氏の研究か？

❹朱印状：出典不明

❺朱印船の航路と日本町（加工地図）：出典不明。岩生氏の研究か？

❻朱印船の渡航回数（棒グラフ）：岩生成一『朱印船と日本町』（至文堂，1962年）

❼〜⓰キリスト教や島原の乱関係の資料

「鎖国下の交易や交流」（2頁分）

①4つの窓口（加工地図）：出典不明

②長崎港：「長崎港図」

③出島と唐人屋敷（表）：出典不明

④出島のオランダ商館：「長崎蘭館図」

---

⑤オランダに輸出された伊万里焼の磁器:「江戸時代館」の展示物

⑥オランダからの輸入品（1636年）:「江戸時代館」資料

⑦唐人屋敷:「長崎唐館図巻」

⑧中国からの輸入品:「江戸時代館」資料

⑨釜山の倭館:「槎路勝区図」

⑩朝鮮からの輸入品:「江戸時代館」資料

⑪朝鮮通信使:「朝鮮通信使来朝図」

⑫那覇港の賑わい:「琉球貿易図屏風」

⑬琉球使節:「江戸上り行列図」

⑭松前港の賑わい:「松前屏風」

⑮アイヌの人々と交易:松前の復元模型

⑯アイヌの人々の抵抗:シャクシャイン像

　市販の資料集でよく見られることとして，掲載された図や表の根拠となる資料がわからないことがある。上の資料においても，いくつかの図や表に「出典不明」とあるように，資料集の編集者が図や表を作成する際の情報元を明記していないものが含まれている。これはあまり褒められたことではないが，ただ教師としては，わざわざその図や表の出典を明らかにする必要はない。大切なことは，その資料の誤りが現在の研究で指摘されていないかどうかを確認することである。できるだけ新しい資料や関係図書で，資料に誤りがないか確認しておきたい。また今回の場合，いくつか古い文献からの引用が見られる（例えば，岩生成一氏の書籍から引用している部分）。これについても，最近の研究で否定されていないかを事前に確認しておきたい。

　最近ではわざわざ歴史学者の書籍を読まなくても，インターネットからでも研究や資料の信憑性を多少は確認することができる。例えば「岩生成一」と検索すれば，彼がどのような研究をしてきたのか，そしてそれらの研究は現在どのような評価を受けているのかを，おぼろげながらつかむことができる。また，「4つの窓口」などについても，インターネットを検索するとか

なりの情報をつかむことができる。もちろんインターネットには限界もあるが，時間がない教師としては，何もしないよりは「まし」であろう。

　ただし，資料がいつ頃の状況を示すデータであるのかについては，明らかにしておく必要がある。資料⑥「オランダからの輸入品」は「1636年」とあるのに，資料⑧「中国からの輸入品」と資料⑩「朝鮮からの輸入品」には年号の記載がない。調べてみると資料⑧は1812年，資料⑩は1684年である。つまり，資料⑧は今回学習対象としている17世紀後半の貿易の実態を示すデータではないことがわかる（もっとも，この時代についての基礎知識があれば，このデータにおいて輸入品の第1位が生糸や絹織物でないことに疑問を感じるはずであるが……）。こうした下調べがないと，誤った活用をしてしまう危険性があるので，注意されたい。

❸ 掲載資料の活用と問いの精緻化

　前節2での吟味を終えたら，いよいよどの場面でどのように資料を活用するのかを考えていくことになる。

1　冒頭から中盤まで

　まず，冒頭の MQ に至るまでの3つの問いについて考えてみよう。

> Q：「鎖国」と呼ばれてきた体制は，いつ，誰の，どの法令によって
> 　始まったのか。
> Q：その内容はどのようなものなのか。
> Q：例外的に貿易が認められた藩はどこか。貿易相手はどこか。

　「いつ」「誰の」の部分は2〜15頁に掲載されている年表で対応でき（ご丁寧にもこの年表は，1639年の「ポルトガル船の来航の禁止」と1641年の「オランダ商館を平戸から出島に移す」の下に「鎖国の完成」と記載している），また「例外的に貿易が認められた藩」は，資料①「4つの窓口」で対応が可

能と判断できる。「どの法令」については，これらの資料からでは直接確認できないが，あえて名称を確認する必要もない（その後の展開に影響がない）事項と判断できるので，ここではカットすることもできるし，明治図書の中学校用の資料集である『最新　歴史資料集』（2020年）の資料「鎖国令」には法令名も確認できるので，こちらを活用してもよい。重要なのはその内容だが，『歴史資料集』は年表から確認できるし，明治図書『最新　歴史資料集』の資料「鎖国令」にはもっと詳しく内容が掲載されている。このことから，この部分を指導案に具体化するに当たっては，次のように修正することができるだろう。

教師の問い	子どもから引き出したい知識	資料
○「鎖国」と呼ばれてきた体制は，いつ，誰の，どのような内容の法令によって始まったのか。	・日本人の海外渡航・帰国の禁止命令（1635），ポルトガル船の来航禁止命令（1639），オランダの商館を長崎の出島に制限する命令（1641） ・この時の将軍は徳川家光。	年表「鎖国令」（明治図書より）
○例外的に貿易が認められた藩はどこか。貿易相手はどこか。 （※長崎奉行はどこの藩が歴任していたのかについての補足情報を提供する）	・長崎（長崎奉行）…オランダ東インド会社・中国商人 ・薩摩藩…朝貢国である琉球王国を経由して中国王朝 ・対馬藩…朝鮮王朝 ・松前藩…アイヌ民族	資料①
MQ：なぜ江戸幕府は外国との交流を制限したのだろう。		

（下線が引かれている資料は，『歴史資料集』以外からのもの。できるだけ「資料●〜を見る」ように教師は直接指示を下さない。子どもたちは自主的に年表や資料に向かってほしい）

では，次の展開についても同じように考えてみよう。

SQ1：なぜ幕府は，スペイン・ポルトガルとは付き合わず，オランダ・中国・朝鮮とは付き合ったのか。

SQ2：なぜ，日本人の海外渡航を禁止したのか。

SQ3：なぜ，オランダとの貿易も長崎の出島1か所に制限されたのか。

　ここは，前時で学んでいる（はずの）幕府のキリスト教弾圧や島原の乱の学習内容や，小学館等が出版している歴史学習漫画の内容（＝オランダはキリスト教の布教をしないことを条件に貿易をしたがポルトガルは宣教師を必ず連れてきた）を踏まえて子どもたちが答えてくることを想定した上で展開することを期待している部分で，前時（江戸時代初期のキリスト教の大普及と島原の乱）の既習事項が子どもたちの口から出てくることを確認するだけで流してもよい箇所である。ただ，ここの部分も資料集を活用することで，より生き生きとした展開となると考えられる。

　例えば，『歴史資料集』の資料②の長崎における出島の位置や様子，特に出島が四方を海で囲まれていたこと，出島の唯一の出口の前に長崎奉行所があったこと，内地に「唐人屋敷（＝中国人は内地に住むことが許されていた）」があり中国人とオランダ人では扱いが違ったこと，資料③の中国船と比べてオランダ船の往来が少ないこと，さらには資料④のオランダ商館に幕府の役人が訪れていること（彼らの生活は監視されていた）にも注目させることで，幕府がキリスト教国であったオランダへ強い警戒心をもっていたこと（日本人とオランダ人の交流を極力制限したいとする意図）をより具体的に実感させることができるだろう。筆者は資料②〜④，そして唐人屋敷の様子を描いた資料⑦を子どもたちに吟味させるために，SQ「なぜ，オランダとの貿易も長崎の出島1か所に制限されたのか」を，「キリスト教国のオランダは幕府から警戒されなかったのか」に変更することにした。「オランダとの貿易が当時唯一許された長崎の様子について描いた資料②④⑦やデータ（資料③）から考えてみよう」と直接的に子どもたちに呼びかけるのか，それとも資料については指示せずに資料集を子どもたちに読み取らせる中で子どもたち自身に発見させることにするのかは，子どもたちのレベルに応じて変えることにした。

教師の問い	子どもから引き出したい知識	資料
○なぜ幕府は，スペイン・ポルトガルとは付き合わず，オランダ・中国・朝鮮とは付き合ったのか。	・スペインやポルトガルは宣教師を連れてきたので，来航禁止となったのではないか。 ・オランダはキリスト教の布教をしないことを幕府と約束したので，認められたのではないか。 ・中国と朝鮮はキリスト教と関係がないので認められたのではないか。	
○なぜ，日本人の海外渡航を禁止したのか。	・日本人町にはイエズス会の宣教地も含まれる。 ・外国でキリスト教徒になった日本人が帰国後，キリスト教を布教することを警戒したのではないか。また日本人が海外でキリスト教に触れることを恐れたのではないか。	資料❺ 75頁資料16「イエズス会の宣教地」
○キリスト教国のオランダは幕府から警戒されなかったのか。（オランダとの貿易が当時唯一許された長崎の様子について描いた資料②④⑦や，長崎貿易のデータ（資料③）から考えてみよう。）	・オランダは貿易船の数が中国船と比べて大きく制限された。またオランダ人は出島から出ることを厳しく禁止され，幕府が常にオランダ商人たちを監視していたが，中国人は出入りが比較的に自由であり，長崎の内地に住むことが認められた。このように，オランダは貿易を認められながらも，かなり幕府に警戒された存在であった。	資料② 資料③ 資料④ 資料⑦

続いて，SQ4の展開についても考えてみよう。

> **SQ4**：キリスト教への警戒は家康・秀忠時代に顕著になっていたが，なぜキリスト教徒への布教に拘るポルトガルの締め出しを家康・秀忠政権は行わなかった（つまり17世紀初期には行わなかった）のか。〔予想させるだけ〕

SSQ：ポルトガルから日本が当時輸入していたものは何か。日本か
　　らポルトガルに輸出していたものは何か。

SSQ：国産の生糸と中国産の生糸との違いはどこにあったのか。

SSQ：なぜ幕府（家康・秀忠政権）は中国から直接生糸を買わない
　　のか。買えないのか。理由は何か。

SSQ：幕府はオランダから中国産の生糸を入手できなかったのか。
　　その理由は何か。

SSQ：家光政権がポルトガル船来航を禁止した後，幕府は中国産生
　　糸をどこから入手したのか。

SSQ：島原の乱が終わった頃までに，なぜオランダは中国産生糸を
　　安定的に入手することができるようになったのか。（どこから入
　　手していると考えられるのか。なぜ台湾から入手できたのか。）

SQ4：キリスト教への警戒は家康・秀忠時代に顕著になっていたが，
　　なぜキリスト教徒への布教に拘るポルトガルの締め出しを家康・秀
　　忠政権は行わなかった（つまり17世紀初期には行わなかった）の
　　か。〔SSQを踏まえてのまとめ〕

　SQ4は，ここまでの「キリスト教が嫌であるため，ヨーロッパとの貿易
を制限した」という一面的な説明（SQ3までの流れ）を揺さぶることをね
らいとした展開である。幕府がキリスト教を嫌って弾圧したのはかなり早い
時期からであるわけだが，ポルトガルの締め出しまでには年月を要した。こ
こに注目させて，疑問を呼び起こすことをねらいとする。そのため，しっか
りと子どもたちの世界観を揺さぶるための事実を突きつけたい。まず『歴史
資料集』の年表を見ると，「1612年　幕府直轄領でキリスト教を禁止する」
とあり，すでに家康・秀忠政権の時には，キリスト教の弾圧が始まったこと
が示されている。是非とも活用したい。

　また，「元和の大殉教（1622年）」についてもここで触れることができれば
ベターだろう。『歴史資料集』にも資料❼に「吉利支丹退治物語」の資料が

掲載されており，これの一部が元和の大殉教を話題としていることに触れることができれば理想的である。加えて，家康・秀忠政権時代のキリスト教弾圧の凄まじさについては，明治図書の『最新 歴史資料集』に「元和大殉教図」が掲載されており，生々しい弾圧の実態を理解できるので，こちらも是非活用したい。また，レオン・パジェス著『日本切支丹宗門史』（岩波文庫から訳本が出ている）に記載があるので，その一節を紹介することもできる。これらは教師が問題提起をするための手段であるので，教師側から資料を提示することに，特に問題はないものと思われる。

　その上で子どもたちには，幕府はポルトガルを締め出そうにも，家康・秀忠の時代にそれは難しかったことを予想させ，日葡貿易の実態に目が向くようにしたいところである。ここで資料❸「朱印船による輸出入品」である。当時の貿易は，もっぱら絹織物や生糸の輸入が目的にあり，それを銀で支払っていたことが事実として確認できる。ただこれは朱印船全体であるので，対ポルトガル船との貿易のやりとりについては，可能であれば別のデータを補足として加えておきたいところである。また，ポルトガル船の生糸や絹織物がどこからもたらされたものなのかについて，『歴史資料集』の92～95頁には記載がない。ただ，80～81頁の資料13「南蛮貿易」にはそれらが日本から持ち込まれた銀や硫黄（火薬の原料となる）をマカオで交換した結果もたらされたことが図で示され，さらに「解説」で「16世紀中ごろから，明と日本との間では正式な貿易は中止されていた。ポルトガル船は中国と日本の産物を仲介する中継貿易を行い，多大な利益をあげた」という記載がある。これを是非生かしたい。そのためには，「ポルトガルが持ち込んだ生糸がどこからもたらされたものであるのか」と問いかけ，それが既習事項であることを伝えることで，資料集の80～81頁に自然に目が向くように仕向けていくのがよいと思われる。

　この後，問いの構造図に従えば，当時の中国産の生糸と日本産のそれとの違い，オランダと明王朝との関係，そして日本と明王朝について順を追って確認していくことになる。中国産生糸と日本産のそれとの違いについて，

『歴史資料集』には一切記載や関連資料が掲載されていない。こうなっては，やむをえず教師側が，西陣織の原料として当時はほぼ100％中国産生糸（白糸）が使われていた事実を示すしかないと思われる。オランダと明王朝との関係についても記載はないので，こちらも教師側から，当時ポルトガルはヨーロッパ諸国の中で唯一，明王朝との正式な貿易をマカオに限定して認められていたこと，すなわちオランダは明王朝から正式な貿易を認められていなかった事実を伝えるほかないだろう。日本と明王朝との関係については，朝鮮出兵を学んでいる子どもたちからすれば，良好なわけがないことくらいはすぐに判断できるところだが，資料①「４つの窓口」で，長崎貿易の相手が「中国商人」となっているのに対して，琉球貿易の相手が「中国皇帝」となっていることに気づかせて，明王朝（そして清王朝）は日本との正式な貿易について江戸時代を通して認めなかった事実を確認しておきたい。つまり長崎に来る中国船は「密航船」であること，そしてポルトガル船以外の船が日本にもたらした生糸は，ほとんどがこうした密航船との取引で入手した生糸であったことを確認しておきたい。

　この後，「家光政権がポルトガル船来航を禁止した後，幕府は中国産生糸をどこから入手したのか」という展開になるが，ここでは資料⑥「オランダからの輸入品」の資料を上手く活用したい。この資料を子どもたち自身に発見させ（または教師の側から見せて），1636年の時点でオランダは生糸や絹織物を入手できている事実を確認し，「中国王朝と正規の貿易ルートをもたなかったはずのオランダはどのようにして生糸を入手したのか」と問いかける形をとれば，スムーズに展開すると思われる。ただこの問いを子どもたちに考察させるには，オランダの台湾進出などについて記載のない『歴史資料集』の資料では不可能である。ただし，明治図書『最新　歴史資料集』の方には，資料「朱印船の航路と日本町」（加工地図）の中に台湾がオランダ領になっている事実が示されている。教師はこれと台湾をオランダ領としていない新学社の『歴史資料集』の資料❺「朱印船の航路と日本町」（加工地図）とを比較させて，この違いは描く対象となった時期の違いから生じたことを

子どもたちに説明し，丁度，朱印船貿易が盛んになってきたこの時期にオランダが台湾に進出して植民地化した事実に気づかせたい。また「なぜオランダは台湾の獲得を目指したのか」を問うことで，台湾での密航船から生糸を仕入れた事実を確認したい。

　これらのことを踏まえ，指導案を作成すると，次のようになる。

教師の問い	子どもから引き出したい知識	資料
◎年表や資料❼などにもあるように，キリスト教への警戒は家康・秀忠時代に顕著になっていたが，なぜキリスト教徒への布教に拘るポルトガルの締め出しを家康・秀忠政権は行わなかった（つまり17世紀初期には行わなかった）のか。〔予想させるだけ〕	・1612～13年にキリスト教の信仰が禁止になり，宣教師が大量に殺されるなどの事件があった。 ・一方でポルトガル船との貿易は続けられ，「朱印状（幕府による貿易許可証）」も発行された。 （「キリスト教が嫌であるため，ヨーロッパとの貿易を制限した」という一面的な説明（SQ3までの流れ）を揺さぶることをねらいとする）	年表 資料❼ 他「元和大殉教図」（明治図書より）
○ポルトガルから日本が当時輸入していたものは何か。日本からポルトガルへの輸出品は何か。	・輸出…銀がほとんど。 ・輸入…生糸や絹織物がほとんど。	資料❸
○ポルトガル船がもたらした生糸や絹織物はどこから持ち込まれたものなのか。これまで学んだことを思い出してみよう。	・ポルトガル船は日本から持ち込まれた銀や硫黄（火薬の原料となる）をマカオで生糸や絹織物と交換し，これを日本に持ち込んだ。 ・ポルトガル船は中国と日本の産物を仲介する中継貿易を行い，多大な利益をあげた。	80～81頁資料13「南蛮貿易」
○国産の生糸と中国産の生糸との違いはどこにあったのか。	・品質に大きな違いがあった。 ・例えば，西陣織の原料として当時はほぼ100％中国産生糸が使われていた。	

○なぜ幕府（家康・秀忠政権）は中国から直接生糸を買わないのか。買えないのか。理由は何か。	・16世紀中ごろから，明と日本との間では正式な貿易（勘合貿易）は中止されていた。 ・秀吉の朝鮮出兵の影響もあり，日本と明との関係は悪く，勘合貿易の復活は難しい情勢だった。	80〜81頁資料13
○長崎に来ていた中国船は中国政府が認めていない船ということなのか。	・資料①で琉球貿易は「中国王朝」と結びついているのに対して，長崎貿易は「中国商人」と結びついている違いがあるが，これは日本に来ていた中国船が「密航船」であったことを意味している。密航船は中国政府の取り締まりの対象であった。特に生糸や絹製品を日本に持ち込むことに厳罰を科した。そのため，安定的に中国船から生糸を入手することは難しかった。	資料①
○幕府はオランダから中国産の生糸を入手できなかったのか。その理由は何か。	・ポルトガルは当時，中国（明）王朝にヨーロッパ諸国の中で唯一，正式に貿易を認められた国である。逆にオランダは中国政府から正式な貿易相手として認められてはいなかった。 ・江戸時代初期において，オランダは日本が必要とする生糸や絹織物をほとんど持ち込むことができなかった。	マカオの歴史についての資料
○家光政権がポルトガル船来航を禁止した後，幕府は中国産生糸をどこから入手したのか。	・中国からの密航船に頼る面もあったが，資料⑥にあるように，1636年の時点で，オランダ船も生糸や絹織物を日本に持ち込むことができるようになっている。	資料⑥
○島原の乱（1637年）の頃までに，なぜオランダは中国産生糸を安定	・オランダは生糸を確保する方法をどこからか見つけたのかも……。	

的に入手することができるようになったのか。		
・家康政権の頃から家光政権の頃までの間に，オランダの東アジア情勢に変化はなかったのか。2つの時期の違うポルトガル・オランダ・スペインのアジアでの勢力を描いた新学社版「朱印船の航路と日本町」（資料❺）と明治図書版「朱印船の航路と日本町」との地図の違いから考えてみよう。	・明治図書版の方が新学社版よりやや後のアジア情勢を描いていて，台湾がオランダ領になっている。オランダは1624年に台湾の南側を清との戦闘を通して占領して，東アジア貿易の拠点とした。	資料❺ 地図「朱印船の航路と日本町」（明治図書より）
・オランダはなぜ台湾の支配を目指したのだろう。	・オランダは台湾に中国人の生糸の売人が常時滞在していることを確認し，この島の植民地化を目指した。	
○島原の乱（1637年）の頃までに，なぜオランダは中国産生糸を安定的に入手することができるようになったのか。	・台湾を植民地化することで，中国人の生糸の売人に接触して，生糸を確保することができるようになった。 ・幕府はオランダ商人から台湾を経由して生糸を確保できるようになったとの話を聞き，ポルトガル船の来航を禁止しても中国産生糸や絹織物を必要量入手できると判断した。	
◎キリスト教への警戒は家康・秀忠時代に顕著になっていたが，なぜキリスト教徒への布教に拘るポルトガルの締め出しを家康・秀忠政権は行わなかったのか。〔まとめ〕	・当時，幕府は中国（明）王朝との正式な貿易ができない状況にあり，正規のルートで絹織物や生糸を入手できなかった。そのため，正規のルートをもつ国（ポルトガルなど）から買うか，密航船から入手するかしかなかった。ポルトガル船から購入するのが一番安定的に入手できた。 ・中国産生糸や絹織物は，日本産の生糸では太刀打ちができないほど，質が高かった。	

（資料については，下線を引いた資料を除いて，できるだけ「〜を見る」ように教師は直接指示を下さない。ただし，ここの展開は子どもたちには難しすぎる可能性もあるので，必要なら教師が「〜を見る」ように示すのもやむをえない）

2 後半から最後まで

SQ5以降は，幕府が貿易を独占した理由が「幕府が利益を独り占めしようとしたから」という子どもたちの常識に揺さぶりをかけて，幕府が貿易を独占した理由についての別の視点を保障し，さらには例外的に貿易を認めた藩があるのはなぜなのかを考えさせていく展開となる。これも，できるだけ『歴史資料集』を用いて指導案になるように試みたい。まずSQ5からSQ6までの展開を取り上げよう。

SQ5：なぜ，一部例外を除いて貿易は幕府が独占したのか（他藩の貿易を認めなかったのか）。

SQ6：なぜ，幕府は長崎貿易での貿易量に規制をかけたのか。たくさん貿易した方が儲かるのではないか。〔予想させるだけ〕

SSQ：オランダ・中国への輸出品・輸入品は何か。

SSQ：当時，年間どのくらいの金銀を支払っていたのか。

SSQ：なぜそんなに幕府は金銀を持っていたのか。

SSQ：それだけの金銀を有していたのに，なぜ貿易を制限したのか。

SSQ：金銀の代わりに，長崎から何を輸出するようになったのか。

SSQ：なぜ銅の輸出は認められたのか。

SQ6：なぜ，幕府は長崎貿易での貿易量に規制をかけたのか。たくさん貿易した方が儲かるのではないか。〔SSQを踏まえてのまとめ〕

SQ5の問いに対して，子どもたちは常識的には「幕府が利益を独占して儲けようとしたから」といった説明をしてくるだろう。SQ6は，幕府が貿易を独占した理由が本当に「幕府が利益を独占して儲けようとしたから」なのか疑問をもたせるための問いである。ここでは教師の側から，そうした常

識を覆すような資料を提供することで，子どもたちの認識を揺さぶりたい。問いの構造図にあるように，ここでは，江戸時代の一時期を除いて幕府が長崎での貿易について価格統制をしたり量的制限をしたりと統制政策をした事実があることをぶつけることを予定している。なお，幕府の長崎貿易の統制政策であるが，『歴史資料集』には直接的な資料が掲載されていない。この場合，次のように教師が年表を作成するしかないだろう。

糸割符制度（1604〜1655年）：ポルトガルへの銀の支払いが増大し，これを制限するために幕府が価格統制をする。これはオランダ船や中国船にも適用される。

貨物市法（1672〜1685年）：「市法会所」が入札により輸入品の値段を決定し一括購入する。

定高貿易法（1685〜1858年）：中国船は年間銀6000貫目，オランダ船は年間3000貫目と上限が設定される。後に数値が引き下げられる（総量規制）。幕府は，朝鮮・琉球との貿易額に制限をかける（1686年）。

海伯互市新例（1715〜1858年）：中国船の来航を年30隻に絞る。定高を超える外国船の積み荷については国産品の物々交換でなら貿易を認める。

ただし，『歴史資料集』（2017年版）もよく見てみると，資料④「出島のオランダ商館」の解説に「オランダとの貿易では，大量の金・銀・銅が日本から流出し，のちに幕府はその対策に追われることになる」との一節があることに気づく。できれば，これについても上手く利用したいところだ。例えば，まず子どもたちをこの記述に注目させた後に，「『のちに』とあるが，いつからなのか」と問い，上の年表を示して，実際には幕府成立当初から幕府は貿易を奨励しつつも過剰な金銀の流出を警戒しており，1685年には量的制限が行われて本格的な規制が行われた事実を確認するという展開をとる。

問いの構造図にあるように，この直後，対中国船，対オランダ船との貿易を確認する展開を当初予定していたが，すでにこれまでの展開で，これらの

国々とのやりとりが，生糸・絹織物の輸入と，銀での支払いを軸としていたことを確認できると思われるので，この問いはカットすることにしたい。

　さらに，当時どのくらいの金銀を支払っていたのかを確認する問いが続く。『歴史資料集』には適切な資料が見当たらないが，明治図書『最新　歴史資料集』には「オランダへの金・銀・銅の輸出」（折れ線グラフ）という実によい資料が掲載されているので，是非とも活用したい。また，日本からの銀とメキシコからの銀は，中国の銀貨流通を支え，「一条鞭法」や「地丁銀制」といった銀納の税制を生み出すという「大影響」を与えたという世界史のエピソードを紹介するのもよいだろう。日本産の銀は世界全体の3分の1を占める量であったと言われていることも紹介しておきたい。

　どうして幕府がそれだけの金銀を持っていたのかについては，既習事項から子どもたちは指摘できると思われる。『歴史資料集』でも88頁の資料22「幕府と直轄地の分布」で生野・石見銀山や佐渡金山・銀山は幕府の直轄地であったことを確認できる。この生野・石見銀山や佐渡の金山・銀山の産出量の変化については，具体的な資料は『歴史資料集』に掲載されていない。ただし，『歴史資料集』76頁の資料22「ティセラ日本図」で，石見銀山は16〜17世紀のヨーロッパでよく知られた銀山であったとあるが，98頁の資料1「全国の特産物」において，佐渡の金山は記載されているのに石見の銀山が記載されていないことからもわかるように，石見銀山が17世紀後半に産出量が激減してしまったことを子どもたちになんとなく確認させることはできる。これらの資料を活用した上で，教師はそれを裏づける事実（例えば1675年には石見銀山の管理は奉行から代官に格下げされた），併せて佐渡の金山の産出量についても17世紀後半にはかなり減少するようになったことを紹介しておきたい。そしてこうした銀や金の産出量の減少と時期を同じくして，長崎貿易の量的制限に幕府が踏み切っている事実について，先に挙げた明治図書の資料集に掲載されている資料「オランダへの金・銀・銅の輸出」（折れ線グラフ）と照らし合わせながら確認しておきたいところである。

　こうした展開を経て子どもたちは，幕府による貿易の独占と管理が「利益

の独占」だけでなく，金銀流出を制御することに目的があったことに気づくのではないだろうか。これらを踏まえて指導案を作成すると，次のようになるだろう。

教師の問い	子どもから引き出したい知識	資料
◎なぜ，一部例外を除いて貿易は幕府が独占したのか（他藩の貿易を認めなかったのか）。〔予想させるだけ〕	・貿易を独占することで，その利益を独り占めしようとしたのではないか。	
○貿易は最初から幕府が独占していたのか。	・家康・秀忠政権の頃は朱印状による許可制ではあるが，大名や商人に貿易する権利が認められていた。 ・幕府の貿易独占は，家光政権の頃からと言える。	資料❷
○貿易は幕府の利益となったのか。資料④「出島のオランダ商館」の解説に注目してみよう。「オランダとの貿易では，大量の金・銀・銅が日本から流出し，のちに幕府はその対策に追われることになる」との一節がある。「のちに」とはいつ頃からだろうか。	・幕府は当初から過剰な金銀の流出を警戒していた。 ・1685年には総量制限が行われ，本格的な規制が行われるようになった。 ・貿易＝幕府の利益，と単純には言えない。	資料④ 年表「幕府の長崎貿易の政策」
○どのくらいの金銀が海外に流出したのか。	・特に銀は莫大に流出した。1661年には長崎貿易で年間に3万貫の銀が流出。1668年に幕府は銀を輸出禁止にし，代わりに金の輸出を認めたが，今度は金の流出が続いた。1670年代後半からは銅での支払いが重視されるようになった。 ・日本産の銀は世界全体の3分の1を占める量であった。ただその多くが中国に流出し，メキシコからの銀と併せて中国の貨幣を支えた。	「オランダへの金・銀・銅の輸出」（明治図書より） 世界史の教科書

○なぜそんなに幕府は金銀銅を持っていたのか。	・幕府は生野・石見銀山，佐渡金山・銀山，足尾銅山などの鉱山を直轄地としていた。 ・資料22「ティセラ日本図」にあるように，石見銀山は産出量が多いことでヨーロッパにもよく知られた銀山であった。	・88頁資料22 ・76頁資料22
○それだけの金銀を幕府は持っていたのに，なぜ規制をかけたのか。	・資料1「全国の特産物」で，佐渡の金山が紹介されているが，石見の銀山は紹介されていない。石見銀山の発掘量は家光の時代くらいから激減した。 ・佐渡の金山も家光の時代には採掘量が減少に転じた。	・98頁資料1
○鉱山の産出量の変化は，幕府の貿易政策に影響を与えたと言えるのか。	・産出量の減少時期と貿易の総量規制が一致していることから，かなり影響があったと思われる。	年表「幕府の長崎貿易の政策」
○もし幕府が他の大名や商人に中国船やオランダ船との貿易を認め続けた場合，この金銀の流出にどのような影響をもたらすと考えられるか。	・せっかくの貿易統制による金銀の流出抑制も不十分になると考えられる。	
◎なぜ，一部例外を除いて貿易は幕府が独占したのか（他藩の貿易を認めなかったのか）。	・国内収支として見れば貿易は利益を生んだかもしれないが，国際収支で見ると貿易は「大赤字」，つまり莫大な金銀の流出を招いていたと言える。 ・幕府が佐渡金山・銀山や生野・石見銀山を独占し，これらが多くの鉱物を産出していた頃はまだよかったが，これが減少すると，幕府は金銀の流出の抑制を強化するために，貿易の	

	総量規制をすることになり，併せて他大名や商人の貿易を禁じるようになった。	

（資料については，多くが『歴史資料集』92〜95頁以外からのものとなっており，教師側から資料を示す展開に，どうしてもなってしまうだろうが，資料をしっかり読み込む時間を保障するなどして，単調にならないように注意したい）

　そしていよいよ最終局面である SQ 7 〜 8 の展開についてである。

SQ 7 ：例外的に外国との貿易が認められた藩があるのはなぜか。〔予想させるだけ〕

　SSQ ：薩摩藩が琉球を通して輸入した（貢納させた）品にはどのようなものがあるのか。琉球を通して輸出した品にはどのようなものがあるのか。対馬藩が朝鮮王朝と取引した品にはどのようなものがあるのか。松前藩がアイヌと取引した品にはどのようなものがあるのか。

　SSQ ：朝鮮から輸入されてくる「生糸」「絹織物」はどこで産出されたものが主なのか。

　SSQ ：長崎での対中国貿易に比べて，琉球や朝鮮を経由して中国産生糸などを輸入することのメリットは何か。

　SSQ ：なぜ対馬藩は，朝鮮王朝と直接貿易することのできる特権を朝鮮王朝から認められていたのか。

　SSQ ：なぜ薩摩藩は，琉球が中国王朝との正式な貿易で得た生糸を優先的に手に入れることができたのか。

　SSQ ：薩摩藩の琉球支配を中国王朝はどのように考えていたのか。認めていたのか。認めていないとすれば，何らかの制裁を薩摩に科したのか。なぜ科さなかったのか。

　SSQ ：幕府はなぜ薩摩藩や対馬藩，松前藩に外国との貿易を認めたのか。

　SSQ ：実際のところ幕府は薩摩藩や対馬藩に代わって貿易をするこ

とができたのだろうか。もし幕府が薩摩や対馬に代わって貿易を
するとして，そのことで生じる問題は何か。
SSQ：もし薩摩藩，対馬藩，松前藩は貿易が認められなかったら，
どのような困った事態が生じるのか。
SQ７：なぜ幕府は，薩摩藩，対馬藩，松前藩には，例外的に，外国
との貿易を認めたのか。〔SSQを踏まえてのまとめ〕
SQ８：対馬の朝鮮との貿易や，薩摩の琉球経由の貿易は，金銀の海
外流出を助長しなかったのか。幕府はどのような対策をとったのか。

　SQ７とSQ８は，幕府が例外的にいくつかの藩に海外貿易を認めた理由に
ついて考えさせる展開である。どの藩が例外に属すのかについては，すでに
冒頭で尋ねているので，あえて繰り返しここで尋ねる必要はないが，もし子
どもたちが忘れているようなら，再確認をしてもよいだろう。また教師の方
で「なぜ幕府は，対馬藩に朝鮮との貿易を，松前藩にアイヌとの貿易を，薩
摩藩に琉球を通した中国王朝との貿易を認めたのだろうか」と尋ねてもよい
かもしれない。その上で，まずはどうして薩摩・対馬・松前にはこうした例
外的な権利が認められたのかを子どもたちに考えてもらうことになる。
　薩摩・対馬・松前それぞれがどのような品を貿易していたのかをまずは確
認させたい。『歴史資料集』ではこのうち，松前とアイヌとの貿易（米・酒
などと現地の産物との物々交換），そして対馬の朝鮮貿易の品については資
料の下にある解説から確認することができる。しかし，薩摩による琉球を介
した貿易品については確認できない。やむをえないので教師から「生糸・絹
織物・鮫皮・丁子（クローブ）」が主な輸入品で，「銀・昆布・いりこ（煎り
ナマコ）・干鮑」といったものが輸出品であったことを情報として提供する。
このうち，朝鮮との貿易や琉球を介した貿易に見られる生糸や綿織物が中国
産であることは子どもたちも予想できるところであろう。そこで教師は，
「長崎での対中国貿易に比べて，琉球や朝鮮を経由して中国産生糸などを輸
入することのメリットは何か」と投げかけ，長崎貿易にはない対馬や薩摩の

貿易の利点を考えさせる。こちらについては、『歴史資料集』の資料①「4つの窓口」で、長崎貿易の相手が「中国商人」であるのに対して、琉球と朝鮮は「中国皇帝」が貿易相手であることが示されているので、再度この資料を通して、琉球と朝鮮は中国王朝から冊封を受け、生糸・絹織物を正規の取引で獲得しており、より安定的に（密航船の取り締まりの影響を受けることなく）日本は生糸や絹織物を入手できることをつかませることができるだろう。

　その意味で、対朝鮮との貿易も琉球を介する貿易も「美味しい」貿易であるのだが、幕府はなぜこれを他藩に認めたのか、子どもたちは不思議に思うだろうから、それぞれ事例別にその理由を確認するように仕向ける。

　このうち、対馬が朝鮮王朝や幕府から貿易を認められた理由については『歴史資料集』からある程度まで確認できる。一つは、対馬藩が秀吉の朝鮮出兵後の後処理（和平交渉）で大活躍をして、両方から高い評価を受けたことであり、資料⑪「朝鮮通信使」の解説にその記載がある。また、地理的にも、対馬では米がほとんど取れないのだから、貿易をして生きていくほかないことを幕府も理解していたことは想像できるだろう（教師が対馬藩の石高について調べるように子どもたちに指示を出してもよい）。ただ、この他に、対馬は朝鮮王朝から江戸時代以前に冊封を受けていて朝鮮王朝の家来になっていたという重要な事実がある。このことについては『歴史資料集』には記載がないので、これは教師側から追加情報として出しておきたい。釜山に倭館という施設を対馬藩が置くことができたのも、対馬が冊封を受けていたためである。この事実を押さえないと、幕府は対馬藩に代わることができなかった理由がわからなくなるので外せない。

　薩摩藩については、室町時代から琉球に影響力をもっていたが、1609年に幕府の許可の下で琉球を征服した事実があることを『歴史資料集』の資料⑬「琉球使節」の解説から確認できる。ただ、この事実を知った子どもたちの中には「中国王朝は薩摩に抗議しなかったのかな」といった疑問が出されると思われるし、また教師がそのような問いを投げかけると、「確かに」と子

どもたちは思うだろう。こちらについては，「年表」に，1616年に後金（のちの清朝）が中国東北部（満州）でおこった事実や，1644年に「明がほろび，清が中国を支配」といった事実が示されているので，ここを活用して，秀吉の朝鮮出兵の対応で国力を使い，さらに北方での新たな脅威の中で，琉球に派兵するだけの余力がなかったことをつかませることもできなくはない。だが世界史の内容なので，深入りを避けたい場合は，中国王朝は当初薩摩に抗議をしたが，なし崩し的に琉球支配を認めることになったことを教師の側から情報として伝えて終わらせてもよいかもしれない。

　幕府が薩摩の琉球支配を認めた理由としては，侵略をした功績を幕府が認めたことがある。これについては，資料⑬「琉球使節」の解説に，琉球の屈服先は薩摩ではなく江戸幕府であるという体裁を薩摩がとったとの記載があり，幕府が気をよくしたことをここから推測できるので，子どもたちにも幕府が薩摩の貿易を認めた理由を納得してもらえるのではないか。また，薩摩があまり豊かな土地と言えない点を幕府が考慮したのではと指摘する子どももいるかもしれない。これも完全否定はできない考え方である。

　松前藩についても，領主の蠣崎（松前）氏が江戸幕府成立以前からアイヌと貿易をしていた事実があることや，松前藩は米が当時できなかったので，貿易で生きていくほかなく，幕府がその点を考慮したことは，これまでの流れから子どもたちも予想しやすいのではないか。

　なお，幕府が薩摩に貿易を認めたことについては，何人かの子どもたちは強い疑問を感じているかもしれない。というのも，歴史に詳しい子どもたちの中には，薩摩藩が外国と貿易をしていたために，抜け荷（幕府に知られないように，幕府の制限以上に外国から輸入した品）で藩の財力を蓄えたこと，外国の情報を幕府以上に入手することができたり，幕末には最新鋭の武器を入手して幕府側を苦しめたりと，後々幕府に大きな痛手を負わせることになってしまったことを知る者もいると思われる。子どもたちは，貿易が認められた例外的な3つの藩の中に，薩摩藩が含まれるのは不思議なのではないだろうか。

　この点，『歴史資料集』の資料⑫「那覇港の賑わい」の中で那覇港にはオランダ船が数多く来航しており，そして資料②「長崎港」にある長崎の出島のような形で民衆とオランダ人が交流することを制限しているような様子が描かれているので，これを活用しない手はない。資料⑫はそうした子どもたちの疑問を刺激することになるだろうからである。ここで当初の流れを変更して「琉球・朝鮮（釜山の倭館）・アイヌとの貿易の様子はどのようなものだったのか」という問いを加えて，琉球で自由にオランダ人と接することができていた実態があることを子どもたちに発見させて，その上で「実際のところ幕府は薩摩藩や対馬藩に代わって貿易をすることができたのだろうか。もし幕府が薩摩や対馬に代わって貿易をするとして，そのことで生じる問題は何か」と問うことにする。そうするならば，より子どもたちは知的関心をもってこの問いに取り組めるのではないか。なお，この問いを通して子どもたちは，幕府が対馬に代わって貿易をするなら，朝鮮王朝の臣下にならなければならないので，威厳の問題から絶対に対馬に代わることができないこと，薩摩は規模の大きな藩なので，薩摩から貿易を奪うことは幕府と言えども難しかったことを確認することになる。これらについては子どもたちも自力で推論することができるのではないか。

　こうしたプロセスをとれば，最終的に子どもたちは，SQ7「なぜ幕府は，薩摩藩，対馬藩，松前藩には，例外的に，外国との貿易を認めたのか」に答えることができるだろう。

　そしていよいよ，SQ8「対馬の朝鮮との貿易や，薩摩の琉球経由の貿易は，金銀の海外流出を助長しなかったのか。幕府はどのような対策をとったのか」と教師は投げかけることになる。ただ，金銀の流出で問題となるのは，中国産の生糸や絹織物をめぐる貿易と言えるので，アイヌとの米や酒と現地の産物との物々交換による貿易はこれに該当しないことは一応，子どもたちに確認しておきたい。

　まず『歴史資料集』の旧版，または本書109頁の幕府の貿易政策についての年表を活用するなら，幕府は対馬・薩摩についても，貿易額を制限する政

策を実施していることを確認できる。ただ，特に薩摩がこの制限を無視して
こっそり「密輸」していた（「抜け荷」と言う）ことは，子どもたちも容易
に想像できるだろう。幕府が生糸や朝鮮人参などの国産化を推し進めて輸入
する必要性をなくすように努めたことについては，『歴史資料集』98頁の資
料1「全国の特産物」といった資料から推測させることもできるが，これは
次時以降で扱う資料となるので，これについては教師が情報提供してもよい
だろう。勘の良い子どもたちであれば，教師が情報を提供するまでもなく，
「生糸等の国産化」を進めることを予想できるかもしれない。

　さて，ここまできたら，子どもたちも中心発問（MQ）に十分に答えるこ
とができるはずだ。指導案の形にしてみよう。

教師の問い	子どもから引き出したい知識	資料
◎なぜ幕府は，薩摩藩に琉球を通した中国王朝との貿易を，対馬藩に朝鮮との貿易を，松前藩にアイヌとの貿易を認めたのだろうか。〔予想させるだけ〕	・薩摩藩や対馬藩，松前藩は幕府にわいろを贈ったのかもしれない。（など）	
○薩摩藩が琉球を通して輸入した（貢納させた）品にはどのようなものがあるか。琉球を通して輸出した品にはどのようなものがあるのか。対馬藩が朝鮮王朝と取引した品にはどのようなものがあるのか。松前藩がアイヌと取引した品にはどのようなものがあるのか。	[薩摩／琉球経由の対中国] 輸出：銀・昆布・いりこ（煎りナマコ）・干鮑 輸入：生糸・絹織物・鮫皮・丁子（クローブ） [対馬／対朝鮮] 輸出：銀 輸入：生糸・絹織物・朝鮮人参 [松前／対アイヌ] 輸出：米，酒 輸入：毛織物，海産物など	資料⑫ 資料⑨⑩ 資料⑭⑮
○長崎での対中国貿易に比べて，琉球や朝鮮を経由して中国産生糸などを輸入することのメリットは何か。	・琉球と朝鮮は中国王朝から冊封を受け，生糸・絹織物を正規の取引で獲得しており，より安定的に（密航船の取り締まりの影響を受けることな	資料①

	く）日本は生糸や絹織物を入手できる。	
○なぜ（どのようにして）対馬藩は，朝鮮王朝と直接貿易することのできる特権を朝鮮王朝から認められていたのか。	・江戸時代より前に，対馬の宗氏は朝鮮王朝に冊封されて臣下の礼をとっており，そのことで正規に朝鮮と交易することや釜山に倭館を置くことが認められていた。	
○幕府はどのような理由から対馬藩に朝鮮との貿易の独占を認めたのか。	・秀吉の朝鮮出兵の後始末で活躍し，両国の和平をとりまとめた功績が幕府から認められたから。 ・朝鮮の使者の接待係の責任者でもある宗氏を幕府は厚遇した。 ・対馬藩は稲作に不向きな領地である。この地域の住民は昔から貿易で食べていた。貿易を禁じると，対馬藩の民は飢え死にするかもしれない。	資料⑪ <u>藩の石高についての資料</u>
○なぜ薩摩藩は，琉球を介して中国王朝と貿易することができたのか。	・1609年に幕府の許可の下で薩摩は琉球を征服したから。	資料⑬
○なぜ中国（明）王朝は，薩摩藩の琉球征服を認めたのか。	・最初は明王朝は薩摩藩の琉球支配を認めていなかったが，満州での後金（のちの清）の台頭や秀吉の朝鮮出兵による混乱から，琉球や薩摩に兵を送るだけの体力は明王朝になく，なし崩し的に認めることになった。	年表 <u>世界史の教科書</u>
○幕府はどのような理由から薩摩の琉球を介した貿易を認めたのか。	・薩摩は琉球の支配主を幕府とし，「琉球使節」を江戸に送らせた。幕府はこうした薩摩の行為を功績として認め，貿易をする権利を認めた。	資料⑬
○松前藩はどのような理由からアイヌとの貿易が認められたのか。	・蠣崎（松前）氏は，江戸時代より前からアイヌと貿易をしてきた大名で	資料⑭⑮ 藩の石高につ

	ある。	いての資料
	・松前藩は稲作に不向きな領地で，石高は実質ゼロである。この地域の住民は昔から貿易で食べていた。貿易を禁じると，松前藩の民は飢え死にするかもしれない。	
○琉球，朝鮮，北海道での貿易の様子はどのようなものだったのか。長崎での貿易との違いはあるか。	・那覇港には長崎の出島のようにオランダ人を締め出す場所はなく，日本人は簡単にオランダ人に接触できたと思われる。 ・薩摩は幕府よりも早く，中国や西洋の情勢を知ることができた。	資料② 資料⑨ 資料⑫ 資料⑭
○実際のところ幕府は薩摩藩や対馬藩に代わって貿易をすることができたのだろうか。もし幕府が薩摩や対馬に代わって貿易をするとして，そのことで生じる問題は何か。	・幕府が対馬に代わって貿易をするなら，朝鮮王朝の臣下にならなければならないので，威厳の問題から絶対に対馬に代わることができなかった。 ・薩摩は規模の大きな藩なので，薩摩から貿易を奪うことは幕府と言えども難しかった。 ・中国王朝と揉めることも幕府は望まなかったと思われる。	
◎なぜ幕府は，薩摩藩に琉球を介した中国王朝との貿易を，対馬藩に朝鮮との貿易を，松前藩にアイヌとの貿易を認めたのだろうか。	・いずれの藩も稲作に向かない領地であり貿易しないと食べていけないので。 ・朝鮮や琉球は正規のルートで中国産生糸などを入手できる重要なルートであったので幕府は重視した。 ・宗氏は朝鮮との関係改善に尽力したので，幕府はその功績を認めた。 ・薩摩は琉球使節を江戸に送るなど，幕府を立てたことから，幕府は薩摩の貿易独占を認めた。 ・薩摩に関しては大きな軍事力をもつ藩なので，琉球貿易を取り上げるこ	

	とは幕府と言えども難しかった。	
◎これらの貿易は，日本国内の金銀の流出を招かないのか。これに対しての幕府の対応策は何か。	・これらのルートも莫大な金銀の流出を招いていたので，幕府は1685年から貿易額に制限を課した。 ・ただ「抜け荷」と呼ばれる幕府の目を盗んだ密輸を薩摩は続け，財力を蓄えることになる。	年表「幕府の長崎貿易の政策」 「オランダへの金・銀・銅の輸出」（明治図書より）
◎幕府は貿易額を制限すること以外に，輸入超過にならないようにするために，どのような対応をしたのか。	・良質な生糸，砂糖，朝鮮人参などの国産化を進めた。 ・輸出品の強化を図った。 ・国産化は，外国と貿易することの重要性を低下させた。	

MQ：なぜ江戸幕府は外国との交流を制限したのだろう。

MA：
・幕府が外国との交流を制限した理由には，キリスト教が流入しないようにするためや幕府が貿易の利益を独占しようとしたためもあるが，国内の金銀の流出を防ぐために，貿易を統制したいという意図もあった。金銀が流出した原因は，品質の高い中国産生糸や絹織物の輸入が最大の原因だった。
・幕府は佐渡金山・銀山や生野・石見銀山を直轄地にして当初は莫大な金銀を確保していたが，17世紀中ごろからこれらの鉱山の産出量が減ると，貿易の統制はより強化された。
・中国産生糸は，中国王朝が貿易を認めた国以外の輸出は禁止されていた。日本は貿易を認められていない国だったので，中国からの密航船から入手するか，貿易が正式に認められた他の国から入手するほかなかった。中国が貿易を認めた国として，冊封国の琉球王国，朝鮮王国，そしてポルトガルがあった。オランダは貿易が認められていない国なので，当初は幕府が期待するほどの中国産生糸を日本にもたらすことができなかったが，やがて台湾を占拠して，そこの中国商人から入手することができるようになり，幕府の期待に応えられるようになったので，島原の乱の後，幕府は，宣教師を連れてくるポルトガルを締め出し，宣教師を連れてこないオランダとの付き合いに一本化した。
・とはいえオランダはキリスト教国なので幕府に警戒され，商館は長崎の出島という小さな人工島に置かれ，長崎奉行に監視される生活を強いられた。日本人との接触は極力制限された。
・朝鮮との貿易は対馬藩，琉球との貿易は薩摩藩に認められた。これらは中国王朝から正規のルートで生糸や絹織物を入手できる（密航船の取り締まりの影響を受けない）というメリットがあった。これらの藩に幕府がとって代わることは諸事情から難しかった。
・朝鮮や琉球からも金銀が流出するため，幕府は貿易額の制限を対馬や薩摩にも課した。し

かし，薩摩は密貿易を行った。幕府は生糸，砂糖，朝鮮人参などの国産化に努めて，これに対応した。

　いかがだろうか。筆者は『歴史資料集』に掲載されている資料を生かした形で具体化することができたと思う。問いの構造図をしっかり作成しておけば，資料集の諸資料をどのように活用すれば生きてくるのか，より明確にビジョンをもつことができる。本章の指導計画はそのことを証明するものである。

第6章

「本質的な問い」の活用

―歴史学習の事例研究化―

筆者の考える「問いの構造図」は，「本質的な問い（Essential Question: EQ）」を後づけで設定することによって完成する。本来，中心発問（MQ）と下位の問い（SQ）だけでも十分に知的な探求学習を実行することができるかもしれないのだが，筆者としてはあえてこれらとは別の性質をもつ「本質的な問い」を設定することを提唱したい。

1　本質的な問い（EQ）

　本書で言うところの「本質的な問い」とは，はっきりとした解答はないオープンエンドな問いで，かつ主権者として，市民として，私たちが社会で生きていくために，考えていかなければならないような性質の問いのこと，と定義したい。例えば「なぜ差別は生まれるのか」「どうして暴力の連鎖を断ち切ることができないのか」「独裁者が必要なときはあるのか。あるとすれば，それはいつか」などの問いを筆者は想定している。これらは抽象的な問いであり，私たちがこれに答えるためには，過去の事例研究から学び，考えていくほかない。こうした本質的な問いを歴史学習に取り込むことで，筆者としては，歴史学習を「『本質的な問い』を考えるための事例研究」へと転換しようと目論んでいる。

　こうした試みを筆者が図る理由としては，歴史学習が過去を知ることそれ自体を目的とする限り，それがどんなに知的な中身であったとしても，一部の歴史好きを相手にする「マニアックな，トリビアな，どうでもよい授業」から脱却できないという問題意識がある。歴史が過去それ自体の学びから脱却するべきだとした主張は昔から存在し，社会科学の一般原理を知るための歴史教育だとか，現代の社会を規定する価値観が形成されてきた過程を反省的に吟味する歴史学習だとかいったものが代案として提案されてきた。だがこれらは，通史を脱却させてテーマ史や問題史となるように内容編成の抜本的な改革を求めるケースが多く，そのため現在の日本史や世界史の学習指導要領が定める通史学習の中でこれらを実行するには限界があり，結果として

これらの提案が現場の歴史学習の改革につながることはまれであった。

　科学的探求学習の授業原理に基づいた歴史学習も，「なぜ？」の中心発問に答える過程で概念的説明的知識（理論・法則）を扱うことになるので，間接的にだが「時代や地域に制約されない」汎用的な性質の知識を学ぶことができるとされ，そこから「現代社会の認識に寄与する学習」と位置づけられることが多かった。しかし，これはやや強引な解釈であると言えるだろう。例えば筆者が今回作成した家光の「鎖国」政策（海禁政策）をテーマとした授業は，学びの過程で様々な法則を活用することになるが，それはあまり可視化されないまま進む。最終的にMAで得られることになる理論も，江戸時代前期の外交政策を包括的に説明することができるかもしれないが，今の日本社会の外交政策を直接的に説明するものではない，つまり時間的・空間的に活用範囲が制約されてしまう理論，社会学者マートンの言うところの「中範囲理論」*13と呼ばれる理論に留まっていて，現代社会を直接的に説明することを可能にしてくれる理論ではない。これまでの科学的探求学習の授業原理に基づいた歴史学習の多くは，過去それ自体を知ることを目的とした授業の一形態に過ぎないと判断するべきだろう*14（だからこそ，この科学的探求学習は歴史学畑の出身者にも受け入れられたとも言えるが……）。

　こうした課題を克服するため，現在に生きる子どもたちが「学ぶ意味」を感じることができ，かつ通史学習の枠内で実行のできる歴史授業を生み出すための策として本章で提案したいのが，科学的探求学習の授業原理に基づく歴史学習に「本質的な問い」を設定することで同学習を「事例研究としての歴史学習」に転換するというアイデアである。例えば筆者が今回計画した「家光の『鎖国』政策（海禁政策）」の授業の場合，「どんなとき，私たちの社会は外との付き合いをやめて閉鎖的になるのか」「社会が外から閉ざされることのメリットとデメリットはそれぞれ何か」などを本質的な問いとして

---

*13　R・K・マートン（森東吾ほか訳）『社会理論と機能分析（現代社会学大系13）』青木書店，1969年。
*14　森分氏自身，この点について「説明スケッチとしての授業」として限界を指摘している。森分孝治『社会科授業構成の理論と方法』明治図書，1978年，129〜138頁。

想定することができるだろう。そして，この本質的な問いを考えるための事例研究として，家光の海禁政策の学習（研究）が位置づけられることになるわけである。

2 歴史から教訓を引き出すことの危うさ

　本質的な問いに答えるために歴史を事例研究として捉え直すことは，歴史から教訓を導き出すアプローチ，歴史事例から現代を類推するアプローチと言い換えることができるだろう。

　ただ，これまで，歴史学者を中心に，歴史から教訓を引き出すことはできるだけ回避するべき行為であるとされることが多かった。彼らがこうした主張をするのには，それなりの理由がある。それは歴史から教訓を引き出すアプローチがしばしばプロパガンダに利用されてきた過去があるからである。今も昔も政治家らは，自己の主張や社会の解釈を正当化するのに都合のよい歴史事例や歴史解釈を取捨選択し，そこから教訓を導いてきた。一方，過去から教訓を導き出そうとするアプローチは歴史学ではメジャーなアプローチとは言えなくとも，社会科学の世界では，一般化という形で頻繁に活用されてきた。例えば「どうして差別が生じるのか」「どうしたら戦争が防げるのか」「いかに社会は変化するのか」といった問いをもって，過去からその答えを引き出そうとしてきた。しかしそうした社会科学者の教訓の引き出し方が政治家のそれと比べて優れているとは限らなかった。社会科学者たちの歴史から教訓を導き出すアプローチも，国家権力や運動団体のプロパガンダの片棒を担ぐことになってしまうことはしばしばであった。

　例えば，1999年に明治図書『社会科教育』に掲載された広田好信氏の原稿「日本の主張―何を根拠に授業をどう組み立てるか　自国の安全保障―何をどう主張するか」[15]は，こうした歴史学者が最も危惧するタイプの「歴史か

＊15　広田好信「自国の安全保障―何をどう主張するか：過渡期におけるアジア安全保障の枠組み―求められる戦略的叡知―」『社会科教育』1月号，1999年。

ら教訓を導き出すアプローチ」ではないかと思われる。この原稿において広田氏は，日米安全保障条約を保持するべきであると主張し，その根拠として現在（1999年時点）と1920年代から1930年代の日本をめぐる国際関係の類似点を挙げる。広田氏は日本が日英同盟を破棄した状態で諸外国が力を持ち始める1930年を迎えることになったのが，第二次世界大戦で日本が大敗北を喫した原因であると論じ，「先行きが不透明な状況では，政策の現状維持が最も望ましい」といった教訓をそこから引き出し，1920年代から1930年代と類似する（と氏が主張するところの）現在にその教訓を当てはめるなら「何よりもまず日米安保体制を維持すること」になると論じる。広田氏自身はこの原稿を執筆した当時中学校の教師だったので，広田氏の主張は広田氏自身の独自の調査と思考から導かれたものであるというよりは，広田氏が当時の保守系の地政学・国際政治学の理論を学んで，そこを根拠に論じたものと推察される（実際，この原稿には産経新聞などに掲載されている地政学者の記事が多く引用されている）。むしろこの原稿における広田氏の特徴は，実際にここでの氏の主張を，中学校の子どもたちに教授できる形にして示した点にあるだろう（この原稿は「日本の主張―何を根拠に授業をどう組み立てるか：自国の安全保障」という課題に応えたものである）。実際，広田氏の原稿をベースに氏の主張を授業計画に再現することは，さほど難しいことではない。次の資料6－1は，筆者が実際に再現したものである。

資料6－1　広田氏の提案する自国の安全保障を歴史の教訓を踏まえて考える授業（筆者再現）

	教師の発問・支援・資料	内容
導入	○今の日本は平和で安全な国家と言えるか。	（自由に議論させる）
	○日米安全保障条約（日米同盟）があるから日本は他国で起きた戦争に巻き込まれるとの議論があるが，あなたはこれについてどう考えるか。	（自由に議論させる）

	◎日本の平和にとって，日米安全保障条約は必要なのか。維持するべきなのか。	
展開1	◎近い将来，日本と戦闘を交える国はあるのだろうか。常識的に考えて，その可能性が比較的に高いロシア・中国・北朝鮮に分けてその軍事環境について見てみよう。	
	○資料を踏まえて，ロシアの領土はどのような変遷をしているのか。それがどのような意味をもつのか，発表してみよう。 ◆資料「ロシアの領土獲得変遷表」	・「領土の獲得→放棄→獲得」のパターンを繰り返している。現在はソ連解体によって領土を減らしているが，「歴史は繰り返す」ことを考えれば，ロシアが旧ソ連のような大帝国にUターンする可能性は否定できない。
	○1990年のソ連の解体はアジア地域の軍縮を生んだのか。	・極東におけるロシアの軍備は1990年の水準を維持し，東アジアの各国も軍縮には踏み切っていない。
	○では，こうしたロシアは日本に攻め入ってくる可能性はあるのか。	・わからないが，旧東欧がNATOに加わり「西からの脅威」が生み出される一方，中央アジアのイスラム原理主義や中国の脅威もあり，ロシア政府は今は日本との協調路線を欲している。
	○中国について考えてみよう。中国の現在の軍事力はどのようになっているか。	・（省略）
	○アメリカ民主党は親中政策を主張し，クリントン政権もそれを支持したが，これは日本の脅威にならないのか。 ◆「シャーク国務次官補代理の発言」 ◆「台湾海峡における中国の軍事演習」（新聞記事）	・米中のパートナーシップというのは経済上のことであり，軍事同盟を意味しない。台湾海峡で中国が軍事演習をして台湾の総統選挙を妨害したときも，米軍は即座に空母をもってこれを鎮めた。 ・米国の10万人の兵力が日本の石油供給ルートである東シナ海の安全を守っている。

○中国が日本の新ガイドラインに反対することにはどのような意味があるのか。	・中国は日米同盟に対して脅威に思っていることを意味している。
○では，中国は日本に攻め入ってくる可能性はあるのか。	・わからないが，日米安全保障条約がある限りにおいてはその可能性は低いと思われる。
○北朝鮮について考えてみよう。北朝鮮の現在の軍事力はどのようになっているのか。	・（省略）
○北朝鮮は国内総生産の何％を軍事費に当てているのか。その結果どのようなことが起きているのか。 ◆ファン・ジャンヨプ労働党書記の書簡	・約8割である。結果，飢饉の際に外国から自国民の食料を買うことさえできない状態である。自国のエネルギーを賄うことさえできていない。
○エネルギー不足は軍事開発にも影響を及ぼすはずだが，北朝鮮はエネルギー確保のためにどのようなことをしたのか。 ◆「北朝鮮の核開発の放棄」（新聞記事）	・核開発の放棄と引き換えに，米国は10年間重油を提供することになった。北朝鮮は米国に喉元を強引に押さえられている。
○では，北朝鮮が日本に攻め入ってくる可能性はあるのか。	・テポドンの発射実験などで威嚇しているが，すぐに攻め入るかどうかはわからない。ただ「窮鼠猫を噛む」可能性はある。
◎近い将来，日本と戦闘を交える国はあるのだろうか。	・日本の周辺の情勢は不確定な要素に満ち，未だ流動的である。とはいえ，近い将来，日本と戦闘を交える国が現れる可能性は少ないと思われる。ただ中期的スパンで見ると，その可能性はあると言えよう。
○これらの国々と日本が戦争をした場合，どのような被害が想定されるか。	・ロシア・中国・北朝鮮の軍事力はかなり強大であり，戦争となれば日本はかなりの死者を出すことは間違いがない。

	◎現在のような不安定で流動的な状況の中で，我々はどのような行動をとるべきなのか。 ◆資料「ビスマルクの言葉」	・「賢者は過去から学ぶ」。
展開2	○このような周辺の不安定な状況が過去にあったか，探してみよう。	・1920〜1930年代の東アジアが類似する。 ・ロシアは革命が終わっていたが，混乱が続いていた。中国は軍閥が対立を続けていた。日本にはすぐにこれらの国々が攻め入ってくる可能性はない。とはいえ，これらの国々の軍事力は日本のそれと比べて決して小さくなかった。
	○この時期，日本は日英同盟を破棄している。それはなぜか。	・①第一次世界大戦の時にドイツとの戦争で窮地に立たされたイギリスはアメリカと日本に援軍を求めたが，日本はこれを拒否したので，イギリスの不信を買った。②アメリカが強硬に条約の延長に反対した。日本とアメリカは移民問題や中国の市場競争拡大上の対立があった。アメリカにとって日英同盟は邪魔だった。③第一次大戦後，アメリカは巨大化しイギリスはアメリカの意向を無視できなくなった。
	○日英同盟の破棄は，どのような結果を日本にもたらしたのか。	・中国では国民党と共産党が手を組み，ソ連ではスターリンの下で国力が回復し，それぞれ日本にとって大きな脅威になった。しかし日本は何の後ろ盾ももたずにむき出しの状態でこれらの国と対峙せねばならず，最後は無謀な戦争へと突入した。
	◎この日本の歩みは，どのような教訓を私たちに伝えているのか。現在のような不安定で流動的な状況の中で，私たちはどのような行動をとるべきなのか。	・先行きが不透明な状況では，政策の現状維持が最も望ましい。

| 終結 | ◎日本の平和にとって，日米安全保障条約は必要なのか。維持するべきなのか。 | ・先行きが不透明な状況では，政策の現状維持が最も望ましいことを歴史は教えてくれている。日本の現状に置き換えて言うと，何よりもまず日米安保体制を維持することが大切である。 |

（広田好信「自国の安全保障―何をどう主張するか：過渡期におけるアジア安全保障の枠組み―求められる戦略的叡知―」『社会科教育』1月号，1999年）
※（省略）は内容が長くなるので筆者の判断で省略した箇所である。

　H・バターフィールドは「歴史の危険性の一つとは，そこから明らかに自明だとされる判断を引き出すことで，特定の事実から目を背けさせることが容易に行えることだ」と述べている[16]。彼は歴史の教訓は，私たちの既有の偏見に承認を与えるだけであると指摘した人物である。広田氏の原稿や授業計画のようなものを目にするとき，多くの人がこのバターフィールドの主張に共感するのではないか。だが，もし歴史教育から「教訓を導くアプローチ」を否定してしまうと，子どもたちが歴史を学ぶ動機の大半を失ってしまいかねないことを忘れてはならない。また学校でこうしたアプローチを否定したところで，学校外では，様々な人々が様々な形で「歴史から教訓を導き出すアプローチ」を活用して様々な教訓を引き出し，何らかの行為の正当化に用いている現実がある。民主主義社会の形成者を育成するための教育を目指すのであれば，私たちがすべきことは，歴史教育から「教訓を導き出すアプローチ」を排除するのではなく，より民主主義社会の形成のため有効活用できるような形に「教訓を導き出すアプローチ」を改善していくことであろう。これはアメリカの歴史教育学者であるL・レヴスティクとK・バートンも主張するところである。

　ベトナム戦争などの歴史的出来事から学ぶことになるかもしれない教訓を，競合する各々の中から一つに決めるための優先規準――そしてそれを決めるための厳格に「歴史学的な」手順――など存在しない。この決定に至る唯一の方法

[16]　Butterfield, Herbert. *History and Human Relations*. London: Collins. 1951, p.162, p.180.

は，公的議論のアリーナを通して混乱しながらも論争していくことしかない。（アメリカの）アフガニスタンにおける軍事行動の直前，たくさんの競合する歴史的アナロジーが提起された。例えばこの行動は，1980年代のソ連のアフガニスタン侵攻に類似するのか，1800年代の大英帝国下のそれに類似するのか，それともクウェートやコソボ，ソマリアやベトナムにおける合衆国のそれに似ているのか。たった一つのアナロジーが，論争を解決したり，支持すべき政策を平易な言葉で諭したりするほどの説得力を持ちうるはずがない。しかし，歴史的アナロジーの射程やその潜在的な応用可能性について議論することは，それらを無視するよりもはるかに有益だろう。政府が歴史的先例を考慮に入れずに行動しても，私たちは市民として歴史的先例を考慮に入れながら，政府の行動を支持することもできるし，抗議することもできる。さらに私たちは歴史に関する自分なりの結論に基づいて，自分の立場を基礎づけることもできる。いかなる公的行動も，何らかの歴史的基盤の上に正当化されることが避けられないため，私たちは多元主義的民主主義社会における市民として，これらの正当化を評価できるように，すなわち，その一般化やアナロジーが最も適切かを決定できるようになる必要があるのである。

(バートン＆レヴスティク（渡部竜也・草原和博・田口紘子・田中伸訳）『コモン・グッドのための歴史教育―社会文化的アプローチ―』春風社，2015年，137頁)

　レヴスティクらが強調するのは，「議論」することである。議論をするからには，その前提として，多様な教訓が存在していなければならない。レヴスティクらは，同じベトナム戦争でも，そこから引き出される教訓は「他国の内政から距離を置くべき」となるのか，あるいは「戦争の介入に躊躇するべきではない」になるのかは，ベトナム戦争をどう解釈するか次第で変わると主張する。つまり，同じ事例でも，その解釈が異なれば，教訓は変わってくるのである。また，レヴスティクらは，事例を一つだけ用いて教訓を導き出してもあまり説得力は生まれないのであり，別の事例でも同じ教訓を導き出せるのか検討する必要があることも指摘している。

　もし広田氏の事例にこのレヴスティクらの主張を当てはめるのであれば，私たちは広田氏の主張をすぐに受け入れるのではなく，まず広田氏が現在の東アジアの状況と類似した事例と見なした1920年代や1930年代の東アジアの

情勢が，本当に類似事例と言えるのかどうか解釈を再検討する必要がある。
また，日英同盟の破棄は日本の無謀な戦争への大きな要因になったと言える
のか．そしてこの時代の東アジアの情勢から引き出せる教訓は，「先行きが
不透明な状況では，政策の現状維持が最も望ましい」で正しいのか，検討す
る必要があるだろう。また，他の類似事例を見て，この教訓は一般化できる
か検討してみる必要もあるだろう。ちなみに，広田氏と真逆の意見，つまり
今の日本はこれ以上アメリカの言いなりになって戦争ができる国にまい進し
ていくべきではないとした意見をもつ人たちの多くも，1920年代後半や1930
年代の社会と現在とを類似したものと見なして，そこから教訓を導いている。
彼らは1930年代が軍拡の時代であり，そして軍拡に逆らう者たちを言論統制
した時代であると解釈する。そして，それらが軍部や国家権力の暴走を止め
ることをできなくして，外国との宥和の可能性を完全に閉ざしてしまい，戦
争に導いたのだと主張している。同じ時代でも，異なる解釈をするなら，異
なる教訓が出てくる好事例だろう[17]。どちらが引き出すべき教訓として正
しいのだろうか。また，歴史を紐解くと，「先行きが不透明な状況では，政
策の現状維持が最も望ましい」とは逆になる教訓を引き出せる事例もある。
19世紀後半の東アジアである。先行き不透明な状況の中，李王朝は従来から
の中国との軍事同盟（冊封体制）を維持し，日本との同盟を目論む親日家を
弾圧した。日清戦争後はロシアに近づいた。結果は言うまでもない。ここか
ら導き出される教訓は，「先行きが不透明な状況においては，状況に合う形
で適宜，同盟関係を見直していくべきである」となるのではないか。こう言
われると広田氏はどのように反論をするのだろうか。

　大切なことは，「歴史から教訓を導き出すアプローチ」を無視するのでは
なく，筆者が示した手順を子どもたちに教え，学校外の社会で蔓延る教訓に

---

[17] 例えば油井大三郎氏は，1926年頃に米英が中国への帝国主義政策を見直した際，日本も積極的に政策
を見直して関税自主権の回復を進めるなどすることで，排日運動を回避して，日中間の対立激化の回避や
満州利権の一部確保もできたのではないかと指摘している。油井大三郎『避けられた戦争―1920年代・日
本の選択―』ちくま新書，2020年。

対して疑問を投げかけて「議論」をする土台を築いていける市民に子どもたちを育てていくことであり，そのための授業計画を考察していくことだろう。

３ 教訓を導き出すアプローチの改善における「本質的な問い」の可能性
―「後づけ」設計―

　社会科学者は，歴史から法則（一般原理）を引き出そうとする。これ自体は特に悪いことではないのだが，時に先に法則（一般原理）を定めて，その説明に都合のよい歴史的事例を集めて説明することがある。これは，教訓を決定的なものとして先に定めて，そこから歴史を見るのと同じ行為である。これはバターフィールドが指摘するように，既有の偏見を承認するだけであり，特定の事実や実例が見えなくなってしまう危険性を孕む。

　これを防ぎ，子どもたちを「教訓」についての開かれた「議論」ができるように育てていくことで，彼らを民主主義に貢献することのできる市民に仕立てていくためには，以下のことをしていく必要があるだろう。

　第一に，歴史探求についてできるだけ子どもたちとの対話の中で開かれたものにする努力が必要であろう。これについては，第４章と第５章で論じている。

　第二に，何か社会科学の法則・理論を教えるために授業を編成するのではなく，「本質的な問い」，つまり永続的で開かれた（答えのない）問いを設定し，その問いを考えていくための事例研究として各時代の歴史の学びを位置づけていく形に転換することで，事例から導き出す教訓については，子どもたちの様々な解釈を認めていくようにしていく必要があるだろう。例えば，第１章の指導計画Ｂのような「なぜ17世紀後半に上方の商人は，文化の担い手となるほどこの時代に成長したのか」を中心発問（MQ）にする授業の場合，「今日，文学も芸能も庶民が楽しめるが，こうした動きが本格化してくるのはこの時代が最初となる。今では当たり前のことだが，こうした当たり前がこの時代に登場したのはなぜなのだろう。逆に私たちは何を失うと，この当たり前を失ってしまうのだろう」という「本質的な問い（EQ）」を設定

することができる。こうすることで，江戸時代前期の社会構造の学びは，あくまで「本質的な問い」に答えていくための事例研究であることを，授業の冒頭から子どもたちに意識づけでき，この「本質的な問い」を通して「過去」と「現在」とを無理なく結びつけることになる。

　第三に，「本質的な問い」に答えていくには，一つの事例から教訓を導くのではなく，多くの事例から導いていけるように編成することで，学校外に出てもその問いを新たな事例とともに問い続けることができるようにしていく必要があるだろう。例えば第1章の指導計画Bの「本質的な問い」に答えていくためには，江戸時代前期の社会構造だけでなく，江戸時代後期や明治・大正時代の社会構造，そしてオランダやイギリスなどの商人文化が花開いた時代とその社会構造とを比較していく必要があるだろう。「本質的な問い」が他の時代や地域の学びにおいても繰り返し用いられることによって，子どもたちの「本質的な問い」への回答はより深まっていくことになる。このことは，カリキュラム単位での計画的設計が必要となる。

　第四は，「本質的な問い」について，哲学的で空中戦になりがちな問題や，個人的な生き方や嗜好を問うだけになってしまう問題，そして歴史学者には興味深いかもしれないが一般市民は社会生活ではまず問うことのない問題をできるだけ避け，事実に即して議論ができ，かつ民主主義社会を支えていくのに必要となるような問いにする必要があるだろう。「審美的とは何か」「年長者の話を聞くということはどのくらい価値のあることなのか」「古代国家はどのように広大な領域を支配したのだろう」といった問いを避け，「なぜ差別は生じるのか」「何を失うと，私たちは権力に対抗できなくなるのか」といった問いが優先される。

　もともと「本質的な問い」からの授業設計を主張したのはアメリカの教育学者であるG・ウィギンズとJ・マクタイであり，日本ではこれを紹介した西岡加名恵氏と研究協力校が，歴史教育での具体化を図っている[*18]。筆者の「本質的な問い」のアイデアも，彼らの研究を参考にしたものである。しかし，上の筆者の方向性から見ると，ウィギンズらや西岡氏の考え方をその

まま応用するわけにはいかず，いくつか改善せねばならない部分が出てくることになる。

　筆者から見て，ウィギンズらや西岡氏の「本質的な問い」に基づく授業には，３つの課題があるように思われる。

　一点目は，ウィギンズらが示す「本質的な問い」の中に，民主主義社会の進展にも子どもの生活向上にも直結するようには思えない，哲学者好みの思弁的な問いがかなり含まれていることである。ウィギンズらが，学者や専門家の問いかける永続的で開かれた問い，つまり学者や専門家が本質と考える問いを「本質的な問い」とするから，このようなことになるのではないかと思われる。この「本質」は，学者や専門家だけでなく，子どもたちにとっての「本質」でもあるべきだ。そうなるなら，あまりに子どもたちの生活感覚から離れすぎ，かつ彼らの生活改善にも社会の進展にも寄与するように感じられない（少なくとも教師がそのことを説明できない）問いは避けられるべきではないか。子どもがこうした問いに真剣かつ具体的に（空中戦にならずに）取り組むとは思えないし，学びの意味を彼らが感じるようになるとも思えない。

　二点目は，これは西岡氏とその協力校の事例に見られるのだが，「本質的な問い」を十分に生かせているような授業設計がなされていないことである。例えば西岡氏の著書（2008年）に紹介されている出嶌和茂氏の大正時代の授業には，「民主化とは何か。どうすれば民主主義の社会を築くことができるのか」という「本質的な問い」が設定されている（資料６−２）。この「本質的な問い」の内容自体は，主権者を育成していく上で避けて通れない，良質なものである。この時代の大正デモクラシーや当時の東アジアで展開した民族運動も，この本質的な問いに答えるに当たって妥当な事例であると思われる。ただ，本来，こうした問いを考えるのに最も適しているのは，民主主

＊18　G・ウィギンズ＆J・マクタイ（西岡加名恵訳）『理解をもたらすカリキュラム設計—「逆向き設計」の理論と方法—』日本標準，2012年。西岡加名恵編著『「逆向き設計」で確かな学力を保障する』明治図書，2008年。

義が失われる時期，例えば昭和期前半の20年間，ナチス政権下のドイツ，古代ローマのカエサルやフランスのナポレオンなどだろう[19]。むしろ，大正デモクラシーがその後の戦争を生み出す序章となってしまったのはなぜであるのかを検討した方が，より子どもたちの考えが深まったのではないか（例えば，原敬に始まる本格的な政党政治は「憲政の常道」という慣例でしかなく，不磨の大典である憲法の改正による規定を行わなかったので，昭和に入って軍部が台頭してあっけなく終了してしまうことを当時の民主主義の限界と捉え，政党政治を憲法に規定する必要があることなどを指摘できたのではないか）。大正時代のように，比較的に民主化の進む時代だけを見てこの本質的な問いを議論しても，見えてくるものは少ないことは，例えばこの授業を受けた子どもたちの作文が「大正時代は民主化が進んだが，女性参政権が認められなかった」（これはあくまで良い作文の事例として出嶌氏が取り上げている）といったかなり常識的なことしか書けていないことでも確認できる──大正デモクラシーにおいて女性参政権運動が展開されたが，選挙権獲得に至らなかったことについては，教科書にも書かれているであろうし，学習漫画等を読んで知っている子どもたちも少なくないだろう。

　このように，西岡氏らの研究グループが「本質的な問い」を生かす問いの構造化の研究が未熟なままこれを普及しようとしている点は大きな課題である。筆者が提案するように，問いの構造図を設計することは，この課題の解決に当たって一つの特効薬となるのではないか。

資料6－2　出嶌氏の単元指導計画（西岡，2008年，88頁）

○本質的な問い：日本の民主主義（大正デモクラシー）は，どのように高まったか（民主化とは何か。どうすれば民主主義の社会を築くことができるの

---

*19　実際，外国のカリキュラム教材において「民主化とは何か。どうすれば民主主義の社会を築くことができるのか」を議論させるに当たっては，民主主義が生じた時期よりも解体時期を研究させることが多い。例えばハーバード大学のドナルド・オリバーらが開発した『公的論争問題シリーズ』の「歴史的危機アプローチ」はその典型事例である。溝口和宏「歴史教育における開かれた態度形成─D・W・オリバーの『公的論争問題シリーズ』の場合─」『社会科研究』第42号，1994年，41～50頁。

か）。

第1時　「民主主義とは何か」を考える（パフォーマンス課題の導入）

第2時　大正デモクラシー

第3時　社会運動の高まり，新しい生活と文化

第4時　第一次世界大戦と日本

第5時　国際協調の時代，アジアの民族運動

第6時　パフォーマンス課題（「大正時代の民主主義新聞」の草稿づくり）

　　　　この時代にはどの程度民主主義が高まったといえるでしょうか。大正時代
　　　　の出来事を取り上げ，次の3つの内容を採り入れて記事にまとめなさい。

　　　　①どのような出来事だったのか，その経過

　　　　②どうしてそれが民主主義の高まりといえるのか

　　　　③世界の動きとの比較

第7時　パフォーマンス課題（「大正時代の民主主義新聞」の完成）

（西岡加名恵編著『「逆向き設計」で確かな学力を保障する』明治図書，2008年，87〜88頁）

　三点目は，先の出嶌氏の事例にも見られるが，西岡氏の研究協力校の事例
の中に，本質的な問いに対して一つの事例だけで答えていこうとしているケー
スが散見されることである。本来，「本質的な問い」に答えていこうとす
るなら，私たちは複数の事例を研究していくほかない。一つの事例だけで検
証しては，偏った判断が抽出される危険性があることは，先の章でも指摘し
たところである。「民主化とは何か。どうすれば民主主義の社会を築くこと
ができるのか」という「本質的な問い」に答えていくのに，大正時代は一つ
の事例として価値ある情報を提供するだろうが，あくまで一つの事例に過ぎ
ない。ナチスの事例などは，大正時代の事例とはまた異なる価値のある情報，
例えば民主主義によって民主主義を終焉させてしまった事実などを私たちに
提供し，民主主義社会を築くことの難しさ（そして立憲主義の意義や主権者
教育の重要性）を改めて教えてくれる。社会科カリキュラム全体という単位
で，「本質的な問い」の設定を考え，同じ「本質的な問い」を異なる複数の
歴史事例で繰り返し問いかけていけるようにしていかねばならないのではな

いか[20]。

　四点目は，西岡氏とその協力校の事例の中には，学習指導要領が指定する通史構成や主題事例，そして教科書の記載内容に拘るあまり，意味のある「本質的な問い」があまり設定できていない事例が散見されることである。別の西岡氏の著書（2005年）に紹介されている三藤あさみ氏は，中学校歴史的分野のカリキュラム全体を貫く問いとして「本質的な問い」を設定した[21]。三藤氏が設定したのは「社会とはどのような要因で変わっていくのか。どのように社会を変えていけばいいのか」であった。これは，くしくも本書第7章で紹介する宇都宮明子氏が明治から太平洋戦争までの時代の流れを題材に授業計画を提案した際に設定した中心発問（MQ）と同じである。教師が学習指導要領や教科書の通史構成を尊重し，これらを包括して全体を貫く問いを設定しようとすればするほど，その多種多様な歴史的事例をまとめることのできる問いの種類には限界があり，いずれも似た問いとなってしまうのだろう。三藤氏の場合，この「本質的な問い」とは別に，「文明はなぜ生まれるのか。この時代の日本は他の文明から何を学ぶべきか」（古代文明の学習），「明治維新によって日本社会はどのように変化したのか。明治維新後の日本において人々が平和に暮らせる社会を築くには，どうすればよかったのか」（明治時代の学習），「戦争はなぜ起こるのか。戦争を起こさない平和な国を保つためにはどうしたらよいのか」（十五年戦争）など，単元別にも「本質的な問い」を設定している。このうち，古代文明の学習で設定されている「この時代の日本は他の文明から何を学ぶべきか」だが，当時の通信・移動技術のレベルから考えて実際にはありえないシチュエーションであり（しいて言えば中国文明からしか学べないのであり），この問いを何のために議論するのか，議論のための議論ではないかと子どもにすら感じられて

---

*20　この発想は，筆者のものとやや主旨が異なるが森分氏も有していた。詳しくは，森分孝治『社会科授業構成の理論と方法』明治図書，1978年，146〜147頁。

*21　田中耕治・水原克敏・三石初雄・西岡加名恵『改訂版　新しい時代の教育課程』有斐閣アルマ，2005年，189〜193頁。

しまうのではないか。明治時代の学習に設定されている問いも，「たら・れ
ば」であって，あまり現代社会に生きてくるような問いとは思えない（「経
済的弱者を犠牲にせずに構造改革を行うにはどうすればよいか」と追加で問
いかけるなど，もっと「失敗研究」として現代に向けて教訓を引き出すとこ
ろまで踏み込むのなら別だが）。ただ，これらの問いはいずれも，従来の学
習指導要領が定める主題や一般的な教科書の記述内容の世界観を壊すことな
く対応できるものばかりであるという共通点がある。こうした結果となった
背景として，三藤氏は従来の自身の教授内容（おそらく教科書をベースにし
たものであろう）を大きく変えずに，「本質的な問い」やパフォーマンス評
価を導入しようとしたことがあるのではないかと考えられる。

　三点目と四点目については，学習指導要領が通史構成や主題設定をある程
度行ってしまうこの日本において，「本質的な問い」をまず設定して「逆向
き設計」で授業をつくるという西岡氏の想定それ自体に限界があることを物
語るものである。「本質的な問い」を十分生かす授業を「逆向き設計」でつ
くるためには，自由に主題選択ができるという前提がなければならない。し
かし特に日本史（中学校歴史的分野）は通史構成で，主題も学習指導要領が
いろいろ設定し，教師側に主題選択の自由はあまり多くない。これでは，
「本質的な問い」を十分に生かす形での事例選択が難しい[*22]。筆者としては，
場合によっては，まず学習する主題についてしっかりと授業設計と教材研究
を行い，授業の内容を明確化・具体化した後で，内容にマッチした，主権者
になる上で検討に値するような「本質的な問い」を「後づけ」設定してはど
うか，と考える。

　例えば，第１章の指導計画Ｂの場合，「なぜ17世紀後半に上方の商人は，
文化の担い手となるほどにこの時代に成長したのか」を中心発問（MQ）に

---

*22　例えば山田秀和氏らが「原理主義とは何か」という本質的な問いで構成した授業は，世界史として構
　成されており，かつ時系列で編成されてはいない。こうした授業を実際にやるとなると，学習指導要領の
　枠組みなどが大きな障害となると考えられる。
　　山田秀和・片上宗二「世界近現代史の授業改革─単元「宗教から読み解く世界：原理主義と近現代」の
　開発」『学校教育実践学研究』10，2004年。

する探求学習の計画をまず先に設計し，その指導計画の内容を踏まえて，
「今日，文学も芸能も庶民が楽しめるが，こうした動きが本格化してくるの
はこの時代が最初となる。今では当たり前のことだが，こうした当たり前が
この時代に登場したのはなぜなのだろう。逆に私たちは何を失うと，この当
たり前を失ってしまうのだろう」などの「本質的な問い（EQ）」を後から設
定するわけである。第4章や第5章で示した江戸幕府の海禁政策の指導計画
であれば，その内容を踏まえて，「どんなとき，私たちの社会は外との付き
合いをやめて閉鎖的になるのか」だとか「社会が外から閉ざされることのメ
リットとデメリットはそれぞれ何か」などを本質的な問いとして「後づけ」
で想定するわけである。このように，まずは探求学習をつくってしまい，本
質的な問いを後づけすることで，あまり無理のない「本質的な問い」を設定
できるのではないか。

 「真正の学び」を

「本質的な問い」について，西岡氏が提唱する前から，よく現場教師は活
用していた。例えば筆者が某附属高校の生徒時代（90年代）に受けた日本史
の授業は，「人々はなぜ戦争をするのか。戦争はいかに防げるか」といった
テーマを設けていた。しかし，実態は歴史教科書の十五年戦争の内容を網羅
するだけの授業だった。これがアクティブ・ラーニングになり子どもたちの
主体的な学びを尊重したものに転換されたとしても，今度は子どもたちの側
で十五年戦争の内容を網羅的に収集して羅列して，最後に安っぽい感想を述
べて終わり，といった形に転換されるだけになってしまうことが頻繁に生じ
るのではないか。教師が網羅するか，子どもたちが網羅するかの違いでしか
ない。「本質的な問い」を生かすための，科学的探求に向けた問いの構造化
を教師や子どもたちができないのであれば，「本質的な問い」が現場の常識
的な授業を根源的に変えることはない。

だが少なくとも教師側に「問いの構造化」をする能力があるのであれば，

「本質的な問い」は現場の社会科授業を変えるのに貢献するかもしれない。特に，「歴史から教訓を導き出すアプローチ」として応用し，歴史を「本質的な問い」を考えるための事例研究に転換するとき，歴史それ自体の学びの質を落とさずに，民主主義社会を形成していくのに不可欠となる問いについて，子どもたち自身の見解を構築できる学習を生み出していく可能性をもっている。それは多くの子どもたちが歴史を学ぶ動機（理由）として頻繁に挙げる「現在や未来に役立つ教訓を過去から学ぶため」に応えることのできる「真正の学び（authentic learning）」*23となる。筆者の試みは，その一例である。

＊23　アメリカの教育学者 F・ニューマンは真正の学びが成立する条件として，「知識の構成（construction of knowledge）」「鍛錬された探究（disciplined inquiry）」「学校外の価値（value beyond schools）」の3つを挙げている。筆者としては「学校外の価値」についてもっと拘ってほしいと考えている。詳しくは，フレッド・ニューマン（渡部竜也・堀田諭訳）『真正の学び／学力—質の高い知をめぐる学校再建—』春風社，2017年。

第 7 章

「知識の構造図」づくりからの
授業づくりの問題点

本章の目的は，「知識の構造図」から探求授業をつくる場合に生じてしまう問題点について，具体的事例を通して解説していくことにある。結論を先取りするなら，「知識の構造図」からつくる探求学習は，次の3つの問題を大なり小なり生じさせてしまう可能性がある。

①教師は，前もって選択した一つの解釈（一つの社会の見方・考え方）を正当化するのに都合のよい資料や事実を，教師の都合のよい筋道で並べてしまう。
②上の結果，子どもの自然な学びの過程を阻害するような不自然な授業展開や資料提示が生み出される（脈絡もなく唐突に示される資料，脈絡もなく唐突に投げかけられる問い）。
③授業計画が子どもの思考過程を考慮に入れないで，教師側の都合による論理的展開から作成されることになるので，知的にも学びの動機的にも子どもたちを学習に惹きつけることを難しくしてしまう。

以下，具体的に論証していこう。

1　山口康助・北俊夫の「知識の構造図」による授業設計論

　「知識の構造図」による授業づくりは，ともすれば教える側が前もって選択した一つの解釈を正当化するのに都合のよい資料や事実を，教える側の都合のよい筋道で並べてしまう授業づくりになってしまうことがある。

　資料7－1は北俊夫氏（2011年）が示した「知識の構造図」の実例の一つである。これはもともと，山口康助氏が生み出した考え方を継承したもので，小学校現場にかなり普及している。一番上に学習指導要領が設定されていることからもわかるように，この図からは学習指導要領の定める社会の見方・考え方を子どもたちに効率よく伝達することをベースとした内容編成を意図していることをうかがうことができる。学習指導要領では「対策や事業は地

域の人々の健康な生活や良好な生活環境の維持と向上に役立っていることを考えるようにする」とある。決して「役立っているかどうか考えるようにする」のではない。政府の対策や事業は役立っているものなのだ，とした前提の見方・考え方である。国は，政府の対策や事業について，少なくとも小学生に自律的に判断することを求めていないのである。

資料7－1　北氏の「知識の構造図」事例（小単元「くらしとごみ」）

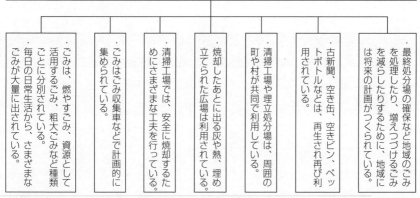

（北俊夫『社会科学力をつくる"知識の構造図"―"何が本質か"が見えてくる教材研究のヒント―』明治図書，2011年，91頁）

そして中心概念「ごみ処理の対策や事業は，計画的，協力的に進められ，地域の人々の健康な生活や良好な生活環境の維持と向上に役立っている」が設定されて，その見方・考え方を説明するのに合致した事例が集められる。ごみ処分をめぐる市民の悩みだとか論争的な問題などは，取り扱いから排除される（もし扱われたとしても，地域の協力と行政の努力で解決されてきて

いる問題であると意味づけられ，現状の政策や地域住民の行為を無批判のまま肯定する形で授業に組み込まれる）。

　こうした流れは，通常であれば子どもの思考過程を無視した強引な展開を招きそうなのであるが，そうしたことが生じないように，資料7−1の図は工夫が見られる。まず，具体的なごみの収集活動と清掃工場でのごみ処理の過程にのみ話題を集中させ，家庭でのごみ→ごみの収集→清掃工場での処理→再利用等への取り組みという，一連の時系列で進む物語としてまとめられている。また教授する中心概念は，おそらく大抵の小学校の子どもたちが，生活経験などからすでに漠然ともっている世界観そのものである可能性が高い。そうした世界観をなぞるように授業が展開するわけなのだから，子どもたちの認識に齟齬は生じにくい。ただし，こうした子どもたちの世界観を壊さない授業展開は，一方で，子どもたちにとっての学ぶ意味を感じにくい授業となる可能性が高い[24]。

2　森分孝治の「知識の構造図」による授業設計論とその実例

　森分孝治氏も「知識の構造図」から授業設計をすることを推奨した研究者として知られる。森分氏は「知識の構造図」を改良して，より客観的で科学的な「見方・考え方」を子どもに身につけさせていくための探求学習を作成する手段としての「知識の構造図」を模索した。

　森分氏の改良点は，まず教える「見方・考え方」を，学習指導要領が示す「見方・考え方」ではなく，学者たちが「より間違いが少ない（間主観的に正しい）」として受け止めている理論や解釈（＝最新の研究成果）をベースとすること，そしてその理論や解釈を学者たちが正当化していく筋道を参考に授業の過程を作成することにあった。学者たちはいくつもの事実を検証し

---

*24　文部科学省の2005年の調査で，小学校中学年段階の児童の教科に対する好感度は，社会科が全教科のワーストであるとの結果となった。詳しくは，渡部竜也『Doing History：歴史で私たちは何ができるか？』清水書院，2019年，第1章を参照のこと。

ながら蓄積していき，最終的に大きな問いに答えることのできる一つの理論や解釈を生み出してきている。森分氏はそのプロセスを再現する形で「知識の構造図」を生み出した。まず研究上の中心発問をMQ，その回答に該当する教授したいと考える理論や解釈をMAに位置づける。そしてMAを擁護するものとして研究者らが挙げる事実的証拠となる内容を，MAを支える補助的回答SAとして位置づけていく。そしてそれらの事実的証拠となる内容（SA）は，子どもたちに教えていくのに適当だと思われる形に並べ替えられ，その後で問い（SQ）が付与される。場合によってこれらの内容（SA）は，子どもたちに伝えやすい形にさらに細分化されることもある。結果としてMA−SAからなる「知識の構造図」が先に設定され，MQ−SQからなる「問いの構造図」は後から，「知識の構造図」のコインの裏表の関係で生まれることになる。そしてそうした問いをベースに具体的な授業計画が設計されていく。

　このような「知識の構造図」作成から具体的な授業計画の作成に至るまでの授業設計のプロセスと，その結果生み出される授業計画の実例がよくわかる事例として，宇都宮明子氏が初心者向けに探求学習のつくり方を指南した原稿（2014年）とそこに示された指導計画を紹介したい[25]。

　宇都宮氏は，社会構造は人々の相互作用を通して変動すること（そして最近では世界のグローバル化も変動に大きな影響を与えるようになったこと）について具体的な事例を通して教えることが，市民が社会を変えることができるといった認識を子どもたちに保障することにつながり，彼らを主権者として育成していくのに貢献するのではないか，とする仮説を設定する。なお，こうした認識やそれを教授することについてのこのような理論的根拠については，原稿内での註から察するに，社会学者A・ギデンズの社会理論や議論を意識したものと思われる。その上で宇都宮氏は，森分氏らの授業設計論を参考に，その理論を教授するためにまずは教材開発と教科内容の編成の検討

＊25　宇都宮明子「歴史教育教材開発論—社会構造の変動に着目した高等学校歴史授業の開発を通して—」棚橋健治編著『教師教育講座第13巻　中等社会系教育』協同出版，2014年，172頁。

がなされる必要があり，その後に具体的な授業開発がなされるべきであると主張する。つまり氏は内容開発が先で，教授方法が後に来る内容・方法の分離式・二段階で授業づくりを展開することになる。

　宇都宮氏はまず，明治期からアジア・太平洋戦争に至るまでの日本の社会構造が，人間の相互作用を通して激しく変化した時代であるとして，教材として適していると主張する。ギデンズは自らの社会理論を立証するのに，明治期からアジア・太平洋戦争に至るまでの時代を事実的証拠として採用しているわけではないので，この部分の判断は宇都宮氏独自のものとなる。ただこうした判断を宇都宮氏が下した背景には，日本の明治時代からアジア・太平洋戦争に至るまでの事例に，ギデンズ自身が自らの社会理論を展開するために証拠として挙げている実例を代用できるだけの構造的な類似性があると宇都宮氏が感じたことがあったことは間違いがないであろう。また，日本の子どもたちが学ぶのであれば事例も日本の方がなじみ深いのではないかと宇都宮氏が判断したとも考えられる（宇都宮氏の原稿には，ここの部分についての具体的な説明が記載されていないので，氏のこの部分の思考過程は実際にはブラックボックスとなっているのではあるが）。

　宇都宮氏は，MAとして「社会構造が変動するのは，社会に対して働きかける人々の相互作用がなされるからである」を設定し，明治時代からアジア・太平洋戦争に至るまでの時代を「明治時代初期」「自由民権運動期」「日清・日露戦争期」「アジア・太平洋戦争期」の４つに分け，それぞれの時代の社会構造やその変動の特質をSAとして設定する形で，MAの事実的証拠とする形を設計する（なお，これらとは別に宇都宮氏は，現代社会の社会構造の特色として「現在の社会においては人々の相互作用だけでなく，世界のグローバル化も変動の要因として大きな影響を及ぼしている」を設定している）。その後，宇都宮氏は，各時代の社会構造を説明するのに適した事例と，その特色を子どもたちがよく理解できるように促していくための素材を見つけていく。例えば氏は，「明治時代初期」の社会構造を「中央集権的近代国民国家と封建的地方分権国家という２つの社会構造に分裂した状況」と特徴

づけ，それを説明するために，「政府が天皇関連の祝祭日の設定やキリスト教禁止の撤廃などの政策を進めることで天皇崇拝と西欧化を進め，中央集権的近代国民国家の形成を図った」事実と，「民衆は江戸時代の幕府や藩主のように仁政を施す為政者を求め，封建的地方分権国家という社会構造の維持を求めた」事実を証拠となる事例として位置づけている。素材としては天皇の肖像画などを取り上げることを決めている。

　こうした手続きの後に宇都宮氏が設計した「知識の構造図」（宇都宮の言葉で言えば「教育内容の構造図」）が資料7－2である。問いは，こうした一連の手続きの後に，この図にある知識群を子どもたちに伝達していくための進行装置として位置づけられることになる。資料7－3は宇都宮氏の設定した「問いの構造図」，そして資料7－4は具体的な指導計画である。

　こうした宇都宮氏の手続きで評価できる点を一つ挙げるなら，氏が最終的に教授しようとしている「見方・考え方」については，単に学問の研究成果であるというだけでなく，主権者の育成という観点からも検討して選択している点である。この手続きが入ることで，教師は社会科が単なる人文社会諸科学の寄せ集めではないことを意識できるようになる。

　だがこの授業計画が，子どもの自然な思考過程を保障しない歪な展開をしていることについては一目瞭然である。いくつか指摘しておこう。

　第一に，MQに「なぜ明治時代以降，社会が大きく変化しているのだろうか」が設定され，これが研究テーマであると子どもを意識化させるまでは良いとして，どうして「明治時代初期」「自由民権運動」「日清・日露戦争」「アジア・太平洋戦争」の4つの事例だけの学習で，このMQに答えることができるというのか，どうして「大正デモクラシー期」の社会構造の分析は含まれていないのか，どうして「昭和時代初期」の社会構造の分析は含まれていないのか，十分な説明もなく子どもたちを学習に付き合わせてしまうことになる。子どもたちは，教師が恣意的に事例を選択しているように感じることになるのではないか。

資料７－２　宇都宮氏が作成した単元「日本近現代史」の「教育内容の構造図」

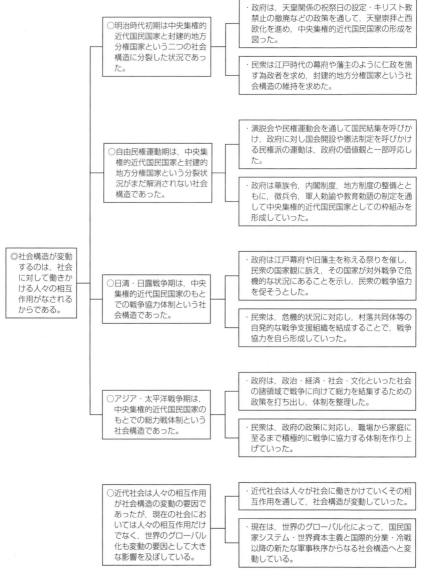

（宇都宮明子「歴史教育教材開発論―社会構造の変動に着目した高等学校歴史授業の開発を通して―」
棚橋健治編著『教師教育講座第13巻　中等社会系教育』協同出版，2014年，172頁）

資料7−3　宇都宮氏が作成した単元「日本近現代史」の「問いの構造図」

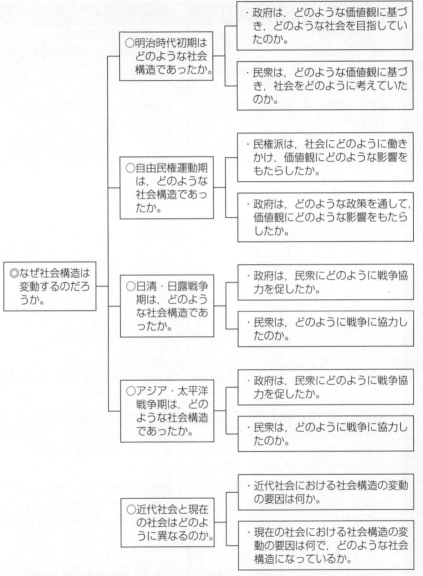

（宇都宮明子「歴史教育教材開発論—社会構造の変動に着目した高等学校歴史授業の開発を通して—」
『教師教育講座第13巻　中等社会系教育』協同出版，2014年，173頁）

資料7－4　宇都宮氏が作成した単元「日本近現代史」の指導計画案(2014年, 175～178頁, 一部改)

	主要な発問	資料	子どもたちに獲得させたい認識
導入	・これは何の様子を描いた資料だろう。	資料①	・政府が暦を太陽暦に変更したことで人々の間に混乱が生じていることを描いている。
	・なぜ人々の間に大きな混乱が起きているのか。		・暦を変えることは社会の在り方を変えることになるから。
	・なぜ明治政府は社会の在り方を変えようとしたのか。		・新しい社会をつくるため？　わからない…→実際に明治時代以降, 社会が大きく変動している。
	◎なぜ明治時代以降, 社会が大きく変動しているのだろう。		◎わからない。
明治時代初期の社会構造	○明治時代初期はどのような社会だったのだろう。		
	・2枚の天皇の写真の違いは何か。	資料②資料③	・天皇が和装から洋装になっている。
	・なぜ洋装に変化しているのか。	教科書	・当時の政府の政策と関係している？
	・政府はどのような政策を打ち出していただろう。	資料集	・五箇条の誓文・政体書・明治改元・天皇関連の祝祭日の設定・太陽暦の採用・キリスト教禁止撤廃など。
	・2枚の天皇の写真と政策から政府のどのような価値観が読み取れるだろう。		・政府の政策は, 天皇崇拝や西欧化政策に則っており, 洋装の天皇の写真から政府が意図する価値観が象徴的に読み取れる。
	・民衆は政府が意図する価値観をどのように受け止めたのだろう。	資料④	・民衆は, 江戸時代の幕府や藩主のように仁政を施す為政者を求め, 江戸時代

		以来の従来の価値観を維持していた。そんな民衆にとって，天皇崇拝や西欧化政策という政府の価値観は相容れないものであった。
	・なぜ政府と民衆の間には価値観の相違があるのだろうか。	・それぞれの依拠する国家観の相違があるから。民衆は江戸時代以来の封建的地方分権国家を求めるが，政府は天皇を中心とする中央集権的近代国民国家という新たな国家を目指したから。
		○政府は天皇を頂点とする中央集権的近代国民国家の形成を目指すが，人々はあくまでも従来の封建的地方分権国家の維持を求めており，社会が分裂した状況にあった。
自由民権運動期の社会構造	○自由民権運動期はどのような社会だったのだろう。	
	・民権派はどのように社会に働きかけたのだろう。	資料⑤ ・民権派は演説会や民権運動会で反政府・反権力による国民結集を呼びかけるとともに，政府に対しては国会開設や憲法制定を強く働きかける運動を展開した。
	・この運動に対し，政府はどのように対応したのか。	教科書 資料集 ・民権派を弾圧しつつも，国会開設や憲法制定に向けて周到な準備を進めていった。
	・政府は国会開設や憲法制定に向け，どのような準備を行ったのか。	・華族令，内閣制度，地方制度で憲法を支える土台を作ったり，徴兵令，軍人勅諭，教育勅語で天皇を中心とする中央集権的近代国民国家にふさわしい国家や憲法の実現のための準備を行った。
	・これらの準備に対し，民権派の運	・憲法を支える土台や天皇への権力集中

	動はどのような影響を及ぼしたのだろう。	には民衆が国民となることが不可欠であり，民権派の国民結集は，民衆の国民化という政府の意図と合致しており，政府の政策遂行に一定の効果を果たした。
		○政府と民衆の価値観対立が一部減少しつつも，政府が目指す中央集権的近代国民国家と民衆が求める封建的地方分権国家という社会の分裂は解消されてない状況にあった。
日清・日露戦争期の社会構造	○日清・日露戦争期はどのような社会だったのだろう。	
	・この錦絵は何を描いた様子だろう。 資料⑥	・江戸幕府開府300年祭を人々が祝っている様子である。
	・なぜ戦争勃発という大変な時にお祭りをしているのか。	・政府は，江戸幕府や旧藩主を称える祭りを催し，民衆の価値観に訴え，その国家が戦争により危機的な状況にあると示すことで，民衆の自発的な協力を促し，戦争協力体制を確立しょうとしたから。 ・政府は旧藩主を利用して民衆を戦争に協力するように仕向けた。
	・実際に戦争が起きると，政府は民衆に対し，どのような対策をとっているか。 資料⑦⑧⑨⑩	・村で自発的な戦争支援組織を結成する等，積極的に戦争に協力する体制を整えた。
	・民衆はどのように対応しているか。	○日清・日露戦争を通して，戦争に勝利するという目標のもと社会の分裂状況は解消され，中央集権的近代国民国家のもとでの戦争協力体制という社会構造が成立した。
	○アジア・太平洋戦争期はどのよう	

	な社会だったのだろう。		
アジア・太平洋戦争期の社会構造	・これらの写真は何の様子を描いたものなのだろう。	資料⑪⑫⑬	・生活の細部に至るまでの統制のもとで、民衆が積極的に戦争に協力している様子を描いている。
	・なぜこのような状況が可能となったのか。	教科書資料集	・政府が国家総動員法の制定、大政翼賛会の結成等の政策を通して、総力戦体制の確立を目指し、政治・経済・社会・文化といったあらゆる領域で戦争に向けて総力を結集する状況をつくり出していったから。
	・民衆はこれらの政府の政策に対し、どのように対応したのだろう。		・民衆は政府の政策に呼応し、職場から家庭に至るまで、積極的に戦争に協力する体制を自らつくり上げ、生活の全てを戦争のために犠牲にするという徹底した戦争協力を行った。
			○アジア・太平洋戦争の勝利に向けて、中央集権的近代国民国家のもとでの総力戦体制という社会構造が成立した。
近代社会と現在の社会の比較	◎なぜ明治時代以降、社会が大きく変動したのだろう。		◎社会構造が変動するのは、社会に対して働きかける人々の相互作用がなされるからである。その社会に関与する人々が社会にどのように働きかけるかにより、社会の在り方は大きく変動するのである。
	○明治時代以降の近代社会と現在の社会はどのように異なるか。		・近代社会は人々が社会に働きかけていくその相互作用を通して、社会構造が変動していった。
	・近代社会における社会構造の変動の要因は何か。	教科書資料集	・現在は、世界のグローバル化によって、国民国家システム・世界資本主義と国際的分業・冷戦以降の新たな軍事秩序

		からなる社会構造へと変動している。
	・現在の社会における社会構造の変動の要因は何で，どのような社会構想になっているのだろう。	○近代社会は人々の相互作用が社会構造の変動の要因であったが，現在の社会においてはグローバル化も影響を及ぼしている。
終結	◎今後の社会はどのような方向性で発展していくのが望ましいのだろう。	◎グローバル化を考慮しながら，どのような社会への働きかけをし，どのような今後の社会を描くかに関する各自の回答

【資料出典】資料①：岡田芳朗『明治改暦―「時」の文明開化』大修館書店，1994年，235～237頁。資料②：即位時の明治天皇の写真。資料③：1873年の明治天皇の写真（小出文彦編『別冊歴史読本　幕末・明治古写真帖』新人物往来社，2000年，52～53頁）。資料④：小川為治『開化問答』抜粋（牧原憲夫『客分と国民のあいだ―近代民衆の政治意識』吉川弘文館，1998年）。資料⑤：民権運動会の様子（前掲書，134～135頁，137頁）。資料⑥：江戸開府300年祭（小風秀雅編『アジアの帝国国家　日本の時代史23』吉川弘文館，2004年）。資料⑦：戦勝祝賀の行進をする慶應義塾の学生たち（日本近代史研究会編『画報日本近代の歴史5　大日本帝国の確立』三省堂，1979年，165頁）。資料⑧：おおいばりの凱旋兵士（前掲書，165頁）。資料⑨：征清殉難碑（前掲書，165頁）。資料⑩：日清戦争時の町内会・村落共同体の様子（星野芳郎『日本軍国主義の源流を問う』日本評論社，2004年，280頁）。資料⑪：戦時意識の徹底（大空社編著『戦時下標語集』大空社，2000年，210頁）。資料⑫：産業報国会（坂田貞和編『グラフィックカラー昭和史6　太平洋戦争（前期）』研秀出版，1976年，128頁）。資料⑬：入営学徒を送る風景（鈴木亮・笠原十九司編『写真記録　日中戦争5　アジア・太平洋戦争』ほるぷ出版，1995年，58頁）。

　第二に，各時代の特色が，ほんのわずかの証拠を根拠に断定される展開となっている。例えば「明治時代初期」の展開を見てみよう。ここではSQ「明治時代初期はどのような社会だったのか」が設定されている。こうしたSQを問われれば，多くの子どもたちは，鉄道馬車や街灯など文明開化による街の西洋化，殖産興業による工場の建設，新しい政治体制や価値観への人々の期待と困惑，士族の反発，税金徴収システムの変化など，様々なことを思い浮かべるだろう。だが授業において扱われる話題は，天皇中心の統治制度の完成と，そうしたことへの民衆の受け止め方だけである。どうしてこの部分しか扱わないのか，子どもたちに説明する様子はない。しかも民衆について，その多様な姿を受け止めるのではなく，小川為治『開化問答』（授業計画案内の資料④）一つをもって「民衆の価値観は江戸時代のまま」との画一的な見方を正当化する。かなり一方的な展開である。これは本時が中学生を対象にしているとしても，多くの子どもたちに違和感と混乱しか与えな

いだろう。ましてや学力の高い高校生を相手にするなら，「それは一面的だ」と批判されてしまうのではないか。なお，「明治時代初期」だけでなく，宇都宮氏の扱う他の 3 つの時代にもだいたい同じ特徴が見られる。

　第三に，第二と連続することなのだが，唐突に資料が登場し，前の流れと連続しない脈絡の見えない問いが投げかけられるシーンが非常に多く登場する。例えば「明治時代初期はどのような社会だったのだろう」という問いの後に，2 枚の天皇の写真を比較する。宇都宮氏としては「西欧化を通して中央集権的近代国民国家を形成した」ことをつかませるのに天皇の写真はわかりやすく，またインパクトを子どもたちに与えると考えたのだろうが，それは教える側の都合に過ぎない。「明治時代初期はどのような社会だったのだろう」という問いには天皇の話題が特に含まれていないのに（この問いの予想において多くの子どもたちは天皇のことを思い浮かべないと思われる），いきなり天皇の話を教師がするという展開に，子どもたちは唐突に感じて戸惑うのではないか。少なくとも子どもたちのほとんどが，自分は探求の主人公ではなく，また教師とともに探求しているのでもなく，教師の筋書きに付き合っているだけに感じることだろう。子どもの思考を尊重するなら，ここでの問いはせめて「明治時代初期において，政府はどのような社会をつくろうとしたのだろう」とすれば，子どもたちは天皇の写真にあまり違和感を覚えないスムーズな展開にもなりえたと思われる。だが，子どもの流れを意識せずに宇都宮氏が設定した「教育内容の構造図」を埋め込む形で授業計画をつくったため，子どもの目から見て不自然な問いが修正されず残ってしまったと言えるだろう。

　宇都宮氏の授業計画から見えてくるものは，教師が資料の選択権と内容解釈を完全に独占し，子どもの思考・探求の過程や子どもの理解・疑問を無視して，教師の解釈を強引に子どもたちの頭の中に落とし込もうとする教師主導の姿である。この授業計画をこのまま学校現場で行うならば，子どもたちは，教師の強引な展開にかなりの違和感を覚えることになり，自らが探求しているという感覚を失ってしまうかもしれない。

3　二井正浩の「知識の構造図」による授業設計論

　ここまでに取り上げた「知識の構造図」からつくる指導計画は，本章冒頭で取り上げた①〜③の課題を大なり小なり有していた。こうした課題をある程度意識し，改善に取り組んだ先行研究に二井正浩氏の研究（2002年）がある。

　二井氏は「知識の構造図」をもとに授業計画を作成するに当たって，前節の宇都宮氏の開発した授業計画に見られるような唐突な展開をできるだけ防ぐために，ある程度まで理論の筋道のしっかりしている教科書（または専門書）から「知識の構造図」をつくり出すことを提案している。二井氏は資料7−5のように，まず教科書の記述内容を「事実」（実線部）と「執筆者の事実に関する解釈」（点線部）に分けて番号をつけ，そして160頁の資料7−6のように記述内容の順序に即して右に「事実」，左に「執筆者の事実に関する解釈」に分ける。その上で，複数の「執筆者の事実に関する解釈」からこの教科書の「執筆者の社会（歴史）に関する解釈」を1つばかり推測して左端にそれを設置することで，「知識の構造図」を完成させる。その後二井氏は，それらを「なぜ」と問いかける形に置き換えることで，161頁の資料7−7にあるような「問いの構造図」を生み出して，授業計画をつくり出していく。「事実」を「なぜ」に置き換えた形の問いが「ステップ1」となり，「執筆者の事実に関する解釈」を「なぜ」に置き換えた形の問いが「ステップ2」となるように問いが順序よく配置される。しばらくこうしたステップ1とステップ2の往還をしながら，最終的に「執筆者の社会（歴史）に関する解釈」を「なぜ」に置き換えた形の問い（ステップ3＝MQ）に答えていくことになる。

資料7−5 二井氏が参考にした教科書の記述

（『新編新しい社会 歴史』東京書籍，平成9年度版，131頁より引用）

【禁教と貿易統制の強化】

　家康は，①貿易の利益のために，②キリスト教を黙認していたが，③その間にキリスト教の信者が増え，全国に広まった。家康は，④キリスト教徒が団結して一向一揆のような勢力になることをおそれていたので，⑤1612（慶長17）年に禁教令を出して，キリスト教徒を迫害した。

　また⑥幕府は，西国の大名たちが貿易によって経済力を強めることを喜ばなかったので，⑦朱印船を派遣する大名はいなくなり，⑧大名の領内に外国船が来ることも禁止された。

　いっぽう，オランダは，⑨日本との貿易を独占するために，⑩貿易上の競争相手であるポルトガル人やスペイン人が，布教によって領土をうばう野心があるなどと密告した。

　⑪1635（寛永12）年，3代将軍家光は，日本船が外国に行くことも，海外に住む日本人が帰国することも禁止した。⑫日本人が海外でキリスト教徒になったり，外国から日本のキリスト教徒への援助が行われることを防ごうとしたのである。

（二井正浩「社会科教材研究と教科書活用の方法」原田智仁編著『社会科教育へのアプローチ―社会科教育法―』現代教育社，2002年，86頁）

　確かに二井氏のやり方であれば，唐突な展開をできるだけ抑えた形で，ある程度の質の高い授業計画を生み出すことができる。しかし，やはりいくつかの課題が残る。

　第一の課題は，教科書の執筆者の解釈を前提にした授業づくりとなってしまい，どうしてそれを子どもたちが学ばねばならないのか見えてこないことである。また，検定制度のある我が国においては，政府にとって都合のよい解釈が教科書を媒体として伝えられやすい傾向にあるわけだが（上の教科書の記載内容がそうだと言っているわけではない），このように教授内容を教科書頼みにすることは，そうした傾向を助長してしまう危険性がある。

資料7-6　二井氏の「教科書[*26]記述における『事実』『執筆者の事実に関する解釈』『執筆者の社会に関する解釈』の構造図」（知識の構造図）

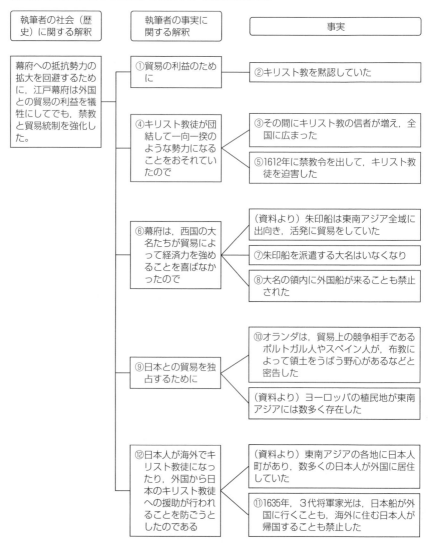

執筆者の社会（歴史）に関する解釈	執筆者の事実に関する解釈	事実
幕府への抵抗勢力の拡大を回避するために，江戸幕府は外国との貿易の利益を犠牲にしてでも，禁教と貿易統制を強化した。	①貿易の利益のために	②キリスト教を黙認していた
	④キリスト教徒が団結して一向一揆のような勢力になることをおそれていたので	③その間にキリスト教の信者が増え，全国に広まった
		⑤1612年に禁教令を出して，キリスト教徒を迫害した
	⑥幕府は，西国の大名たちが貿易によって経済力を強めることを喜ばなかったので	（資料より）朱印船は東南アジア全域に出向き，活発に貿易をしていた
		⑦朱印船を派遣する大名はいなくなり
		⑧大名の領内に外国船が来ることも禁止された
	⑨日本との貿易を独占するために	⑩オランダは，貿易上の競争相手であるポルトガル人やスペイン人が，布教によって領土をうばう野心があるなどと密告した
		（資料より）ヨーロッパの植民地が東南アジアには数多く存在した
	⑫日本人が海外でキリスト教徒になったり，外国から日本のキリスト教徒への援助が行われることを防ごうとしたのである	（資料より）東南アジアの各地に日本人町があり，数多くの日本人が外国に居住していた
		⑪1635年，3代将軍家光は，日本船が外国に行くことも，海外に住む日本人が帰国することも禁止した

（二井正浩「社会科教材研究と教科書活用の方法」原田智仁編著『社会科教育へのアプローチ―社会科教育法―』現代教育社，2002年，85～90頁）

[*26] 『新編新しい社会　歴史』東京書籍，平成9年度版。

資料7-7 二井氏の「教科書記述に基づいた問いの構造図」（問いの構造図）

ステップ3	←	ステップ2	←	ステップ1

なぜ，江戸幕府は外国との貿易の利益を犠牲にしてでも，禁教と貿易統制を強化しなければならなかったのか。

なぜ貿易の利益を重視したのか。

なぜキリスト教を黙認していたのか。

なぜキリスト教徒が団結して一向一揆のような勢力となることをおそれていたのか。

なぜキリスト教の信者が増え，全国に広まったのか。

なぜ1612年に禁教令を出して，キリスト教徒を迫害したのか。

なぜ幕府は，西国の大名たちが貿易によって経済力を強めることを喜ばなかったのか。

朱印船の東南アジアでの貿易はどのような状態だったのか。

なぜ朱印船を派遣する大名がいなくなったのか。

なぜ日本との貿易の独占をねらったのか。

なぜ大名の領内に外国船が来ることも禁止されたのか。

なぜ日本人が海外でキリスト教徒になったり，外国から日本のキリスト教徒への援助が行われることを防ごうとしたのか。

なぜオランダは貿易上の競争相手であるポルトガル人やスペイン人が，布教によって領土をうばう野心があるなどと密告したのか。

ヨーロッパの植民地は東南アジアにどのように広がっていたのか。

東南アジアでは，日本人の活動はどのように広がっていたのか。

なぜ1635年，3代将軍家光は，日本船が外国に行くことも，海外に住む日本人が帰国することも禁止したのか。

（二井正浩「社会科教材研究と教科書活用の方法」原田智仁編著『社会科教育へのアプローチ—社会科教育法—』現代教育社，2002年，85〜90頁）

この点については二井氏にも自覚があり，二井氏は「子どもにとって意味のある解釈なのか。子どもの実態や状況，そして子どもが生きていく社会を考えながら，どの解釈が適切なのかを選択することも重要な教材研究である」と指摘している。その上で例えば（二井氏がここでMAを裏づける見方として想定していた）「キリスト教の禁教と貿易統制の強化は，幕府が積極的に国際貿易体制に対応しようとして採用した政策であった」という解釈は，国際社会を生きていかなければならない子どもには不可欠ではないかと事例を挙げている。ただ二井氏のこのような説明は，総論として正しいが，具体事例にやや説得力がない。

　まず，現在を含め，いつの時代もどの国でも，政府は国際情勢が自国・自地域に影響を及ぼしそうになれば，大なり小なり積極的に対応しようとするものである。そもそもそれが政府の仕事の一つなのだから。その点で二井氏の示す先の解釈はかなり常識的である（学校で学ばなくてもわかる話である）と言える。また，やや政策肯定的な響きのある解釈である。本当に国際社会に生きていかねばならない子どもたちにとって不可欠な解釈と言えるのだろうか。そして最も指摘されるべきは，子どもたちが直面しているのは「今の」国際社会であって，「17世紀前半の」国際社会ではない，ということである。異国の神を崇めるキリスト教徒の存在を支配者（幕府）の権威に背くものだとして弾圧するというのは，今の憲法体制下ではまず考えられない。今日，政府が宗教を取り締まることがあるとすれば，その宗教集団が「間違った行いをしている者は殺して救済してあげるのだ」といった危険な教えを信じて暴力的な行いをする場合など，極めて限定的である。お上以外が自由に貿易をして儲けることを「けしからん」とする発想も，封建的社会のシステムだから生まれてくるものであって，今のように政府がそれに課税する権力を握っているならば，何ら問題はない。もちろん，このように現代社会との比較研究をするところまで踏み込むのであれば，話は変わってくるのだが[27]。

　どうして17世紀の貿易体制を今の子どもたちが学ばねばならないのか，こ

の問題を解決していくためには，より現在の社会研究を意識した内容にすべきだろう。第6章で提案したように，17世紀にも現在にも共通するような「本質的な問い（EQ）」を設定するというやり方は，そのための一案となるのではないか。また，政府にとって都合のよい解釈を教授してしまうことを防ぐには，「知識の構造図」をつくるにしても，教科書よりは，専門書に依拠した方がよいだろう。ただしこの場合，分量が多すぎるので，かなりの内容の削除をしなければならなくなるが。

　第二の課題は，結局最終的に出来上がる授業計画は，ステップ1とステップ2の問いの間には連続性を見ることができるが，ステップ2に答えた後で再び別のステップ1の問いに戻るとき，その問いと問いの間には断絶が見られることである。

　資料7−7の二井氏の「問いの構造図」を再度確認してみよう。MQ「なぜ，江戸幕府は外国との貿易の利益を犠牲にしてでも，禁教と貿易統制を強化しなければならなかったのか」が投げかけられた後，ステップ1で「なぜキリスト教を黙認していたのか」が登場する。MQからこの問いへの移行は，MQで禁教が触れられていることから考えても，比較的にスムーズに行われるのではないか。またその後ステップ2「なぜ貿易の利益を重視したのか」の問いへの移行も，先のステップ1の問いへの回答が「貿易の利益のため」となるのならば，スムーズに行われることになるだろう。その後，別のステップ1の問い「なぜキリスト教の信者が増え，全国に広まったのか」の登場は，それまでキリスト教の布教の話題を扱っていたので，そこまで違和感はない。次の「なぜ1612年に禁教令を出して，キリスト教徒を迫害したのか」とのつながりも，これまでの方針が転換したことを示すことの理由を問うているので，スムーズに，むしろ知的関心を高めることができる展開である。ここでの回答を「キリスト教徒が団結して一向一揆のような勢力となること

＊27　この単元については，まだ（筆者のように），国内の金銀銅＝通貨の量的管理をしたいと考える幕府の貨幣政策や，金銀の流出を防ぎたいとする幕府の貿易管理体制に注目した方が，現在の政府による貨幣管理体制の原点・来歴を知ることができるので，子どもたちには考える価値がありそうだ。

を恐れたから」とするならば，その後のステップ2「なぜキリスト教徒が団結して一向一揆のような勢力となることを恐れたのか」もスムーズな流れで展開するだろう。ここまで，指導計画はスムーズな流れとなる。

　しかし再びステップ1の問い「朱印船の東南アジアでの貿易はどのような状態だったのか」に移るとき，違和感のある展開となる。というのも，ここまでキリスト教の布教やキリスト教国との貿易の話しかしていないのであり，なぜこの場面で突然，話題がキリスト教国ではない東南アジアでの貿易に移ったのか，判然としない。子どももおそらく戸惑ってしまう可能性がある。こうした前段階までの話題とつながりがない脈絡のない問いは，ステップ2の「なぜ幕府は，西国の大名たちが貿易によって経済力を強めることを喜ばなかったのか」の後に登場するステップ1の「なぜオランダは貿易上の競争相手であるポルトガル人やスペイン人が，布教によって領土を奪う野心があるなどと密告したのか」という問いや，ステップ2「なぜ日本との貿易の独占をねらったのか」の後に登場するステップ1の「東南アジアでは，日本人の活動はどのように広がっていたのか」の問いにも見ることができる。これらの問いは，子どもの思考の流れを断絶させて，探求を子どもから奪って教師のものとしてしまう危険性がある。

　これらの違和感のある問いが展開する部分はいずれも，教科書の文章が「改行」されている場面と一致する点は興味深い（資料7－5を参照のこと）。つまり教科書から「知識の構造図」をつくり，そこから「問いの構造図」をつくるやり方を採用したとき，教科書で話題が変えられる（＝前の話題と断絶が生じる）部分が，かなりの確率で授業上の探求の流れの断絶を生み出す原因となってしまう可能性があることを意味しているのである。

　これについては，教科書を専門書に切り替えたとしても，同じ問題が生じると言えるだろう。二井氏の研究は，「知識の構造図」から授業計画をつくるときに生じる問題に正面から取り組んだという点で評価できるが，それは「知識の構造図」がもつ構造的欠陥を十分に認識してのものではない。

子ども主体の探求の考え方の原点に戻る

　探求活動においては特に「問い」が重要となること，そして「問い」→「子どもの予想や答え」→「問い」の流れが断絶しないように子どもの回答を意識して編成しないと，子ども主体の探求にはならないことについては，森分孝治氏も指摘するところだった。しかし森分氏自身の開発したものも含め，「知識の構造図」による授業づくりは，先に教師が答えを決め，それを具体的な資料を使って子どもに読み取らせて納得させていくだけの機械的で，子どもの学びの過程を無視した学習になりやすいという課題を生じさせてしまった。こうした事態が，詳細かつ構造的な授業計画をつくる試みそれ自体への批判，さらに白水始氏らの「前向き授業」[*28]などに見られる，授業計画を具体的に前もって議論したり準備したりすることそれ自体を軽視・否定する議論や，プロジェクト型学習による状況即応的対応への過度な期待という事態をこれまで呼び起こしてきたことは否定できないだろう。「知識の構造図」からつくる授業づくりは，"構造的な授業計画の作成を重視する教育工学的アプローチが授業の硬直化を生む"といった言説に対してアシストすることがあったとしても，この言説に対抗するものとなることはできなかったと言える。

　これに対して，「問いの構造図」からつくる授業づくりは，森分氏がかつては拘っていたはずの子ども主体の探求の考え方の原点に戻る発想にある。

＊28　白水始「評価の刷新―「前向き授業」の実現に向けて―」『国立教育政策研究所紀要』第146集，2017年。
　事例によっては白水氏のアイデアも悪くはないが，氏の考え方が常態化することは，民主主義社会の維持発展にとっての大きな危機を招くだろうし，格差社会を助長してしまうだけだろう。

第8章

問いを構造化しない
「なぜ」問い授業の課題

ここまで話を進めてくると，このような面倒な手続きを採用してまで構造化した授業をしなくても素晴らしい実践が周りにはある，と反感を覚える方もおられよう。ここでは，こうした批判をしてくる方がよく代案として示してくる案について取り上げて，その問題点について検討することにしよう。ただし筆者は，どんな子どもたちにも常に問いを構造化した授業が必要になると言っているのではなく，そうした授業を一定程度の子どもたちに対して一定程度取り扱う必要があるのではないかと主張しているに過ぎない。本章でこれから分析・検討する事例についても，それらの存在価値の全てを根底から批判・否定するつもりはないし，むしろ部分的には優れている面もあることについては，筆者も認めるところである。

1 資料の読み取り中心アプローチの課題：加藤公明実践を例に

　筆者のつくる授業に対しては，「こんなに多くの資料を一度に扱うのではなく，１つか２つの資料を時間をかけて読み取らせて議論させてはどうか」という批判がかならず出てくる。この批判は，多くの場合，加藤公明氏の実践を意識しての発言である。そこでここでは，加藤氏の実践を踏まえて考えてみよう。筆者が作成した授業と比較しやすいように，加藤氏の開発した授業のうち，江戸時代に該当する箇所に注目してみる。

　資料８－１は加藤氏の年間指導計画のうち，江戸時代に当たる部分とその前後について示したものである。筆者が作成した２つの授業のうち，「江戸時代前期の産業の発展」に該当するのは，第24単元「備中鍬はどこが便利か」と第25単元「日本橋の賑わいに近世の幕開けを探る」の２つである。「家光の『鎖国』（海禁）政策」については直接該当する単元はない。しいて言えば第26単元「肖像画の中のアイヌたちはなぜ蝦夷錦を着ているのか」で，鎖国の話が出てくるので，やや関係があるくらいか。

　このように加藤氏の年間指導計画は，通常なら扱うはずの事項の多くがカットされている。いや正確に言えば加藤氏は，これら各単元の合間を縫って，

カットされている内容について教科書を使って数時間の講義形式の授業で子どもたちに伝えている。だから資料8－1に犬公方がないとか享保の改革がないとか，元禄・化政文化がないから加藤氏はこれらを扱っていない，と判断してはならない。

資料8－1 加藤氏の「日本史B 年間指導計画」

≪近世≫４単位（14時間～16時間）

第23単元「秀吉はなぜ朝鮮を侵略したのか」（２時間）

・秀吉の朝鮮侵略の目的や背景について，代表的な学説を紹介し，どの説が最も説得力があるか討論する。

第24単元「備中鍬はどこが便利か」（２時間）

・近世当初の農業発展の原因や背景を農具の改良や農業技術の発展から開発主体の問題まで広く追究する。

第25単元「日本橋の賑わいに近世の幕開けを探る」（６時間）

・江戸図屏風を教材として，班別で子どもたちが自前の江戸時代像を想像し，討論によってそれを鍛え合う。

第26単元「肖像画の中のアイヌたちはなぜ蝦夷錦を着ているのか」（４～６時間）

・「夷酋列像」を教材に鎖国観の捉えなおしと，近世日本人のアイヌ観を探り，その対極として形成された日本人のナショナルアイデンティティの歴史性と問題性を考える。

≪近現代≫９単位（35～41時間）

第27単元「米屋を襲う人々」（２時間）

・「幕末江戸市中騒動記」を教材に打ちこわしの背景を探り，幕末の政治史の中で持った意味について考える。

第28単元「地検と検地帳はどこが違うのか」（２時間）

・子どもたち１人１人に実物の地券を配布し，その記載を裏面に至るまで読み取り，近世の検地帳と比較しながら，地券にもとづく税制の改革（地租改正）や近代的な土地所有制度の成立が，当時の人々にとってどのような意味を持ったかを考える。

（加藤公明『考える日本史授業４』地歴社，2015年，175～176頁）

加藤氏の年間指導計画からは，加藤氏が単に１〜数個の資料（多くがレプリカ，現物教材，絵画資料である）にじっくりと触れたり読み込んだりしていくことだけでなく，そこから各時代の民衆の生活のリアルな姿を子どもたちに読み取らせていくことに拘っていることがうかがえる。ほとんどの単元で教師が提出する資料は１〜数個に抑えられ，子どもたちはそれに触れたり読み込んだりして気づいたことについて意見を交換したり，湧き出してきた疑問について議論したりすることが期待されている。また為政者が主題となることは少ない。資料８−１の場合，第23単元で秀吉が登場しているが，江戸時代に関して言えば，主題になっている為政者は皆無である。ほとんどの単元の主題はその時代の民衆の価値観や生活実態である。

　１つの資料から得られる情報には限界がある。教師が事実上授業で扱う資料を１〜数個に絞った結果，子どもたちは時代の特色や構造まで読み取れず，その時代の断片的なエピソードを学んで終わってしまう危険性がある。例えば第25単元「江戸図屏風」については，これをしっかり観察させて議論させたとして，そこから得られる情報には限界があるので，子どもたちはその時代の人々の生活の具体的な習俗の様子（ディテール）はわかっても，時代の特色や構造までは理解できないで終わってしまう可能性が高い。しかし加藤氏の巧みさは，まず資料の選択が重層的であることにある。実は第15単元で加藤氏は「一遍上人絵伝」を扱っており，そこから中世の人々の生活の姿を読み取らせていく活動をすでに子どもたちに取り組ませている[*29]。そうなると子どもたちは，「一遍上人絵伝」に記載されていたのに「江戸図屏風」には登場しない人々やその逆のパターン，さらには建物の様子や人々の衣服や持ち物の違い，描かれている動物の違いに至るまで，中世社会での学びを思い出すことで（またはもう一度絵伝を見直すことで），子どもたちが自力で時代的特色を発見することができるように編成している。

　さらに加藤氏は，直前の第24単元で，江戸時代前期の農具や肥料の技術革

＊29　加藤公明『考える日本史授業２』地歴社，1995年，149〜155頁。

新や新田開発による農業生産の量・質・種類の増大を扱っている。第24単元での学びがあるので，第25単元の理解はより深くなるはずだ。「江戸図屏風」には，都市に運ばれた米や加工品が販売される様子，そうした品物を用いて人々が生活をしている様子が描かれている。屏風に描かれるその人々の活気は，農業生産の増大がもたらしたものであることを，子どもたちは間違いなく理解することができるだろう。また展開次第では，第27単元「米屋を襲う人々」において，商人らの米の買い占め（米価吊り上げ）の問題を学ぶ中で，江戸時代を通して米の増産が招いた「米価安（の諸色高）」についても触れることができ，米増産と米価安が武士の懐や藩の財政を冷やし，逆に先物取引や買い占めなどで商人らが莫大な利益をあげて台頭してきた事実も学ぶことができるだろう。

　加藤氏は，歴史を動かす大きな原動力となってきた民衆（決して為政者だけが歴史を動かしているのではない）の生活に注目し，また巧みな年間計画を組織することで，その時代の特色やそうした特色が生じる構造についてある程度子どもたちが主体的に見つけ出すことができるようにすることに成功している[30]。明らかに加藤氏のアプローチが筆者のそれと比べて優れている点をいくつか挙げておこう。まず加藤氏は，明らかに筆者より1時間当たりに活用する資料の数は少ないにもかかわらず，子どもたちの時代の特色や構造についての理解を達成していることである。このことは，子どもたちの混乱を回避し，理解の遅い子どもたちの参加をより可能にするだろう。また，例えば農具に実際に触れたり，農具による生産効率の向上がどの程度のものであるのかリアルな追究をさせたりすることで，「農業生産の拡大」についてより具体的な理解・実感を子どもにもたらすことを可能にしている点も指摘できる。民衆の苦労，喜び，勇気などを資料からリアルに読み取る学習は，一定数の子どもたちの心をつかむことは間違いがないし，だからこそ加藤氏

---

*30　加藤氏は各時代の特色や構造をつかませることを重視している。そして，それは民衆史視点が有効であると考えている。加藤氏によれば，それは「戦後歴史学が実証している」ところだと主張している（加藤公明『考える日本史授業3』地歴社，2007年，195頁）。

が多くの教師に支持されてきたのだろう。

　しかし加藤氏のこうしたアプローチには欠点もある。第一に，子どもたちに探求の主導権を握らせてしまうため，また1回の授業で教師の側から子どもたちに示す資料の数が制限されてしまうため，その時代の構造について複雑かつ深い理解に到達することが難しい点である。第24単元や第25単元の事例で説明するなら，農具に触れて子どもたちは農業生産の増大を理解できたとしても，それが初期は米生産重視だったのがやがて商品作物重視に移行していったことまではつかめないのではないか。江戸図屛風をいくら吟味しても，江戸時代前期は圧倒的に大坂・京都（上方）の商人たちが優位で江戸は大坂・京都に完全に依存していたのに，江戸時代後半は経済も大坂への依存度が下がって江戸の地廻り経済が生まれてきたことについての理解はかなり難しいだろう。ましてそうした変化の理由を具体的に考察することは，現在の授業計画のままでは不可能ではないか。またこれ以上，授業時間をかけて他の資料の取り扱いを増やせばそれも可能かもしれないが，もはや物理的に無理な話で，他の学習を犠牲にしてしまうことになる。もしかしたらそのようなことまで子どもたちはわざわざ知らなくてよいと考える方もいるかもしれないが，筆者から言わせれば，このディテールを理解することの方が，歴史の学びが現代社会の分析・理解に貢献するところは大きいと考える。というのも，加工技術や知識が上方から江戸に移り，また田沼意次らの商業奨励政策なども相まって，完全ではないにしても大坂・京都でなくとも江戸でも人々を満足させることのできる商品を開発することができるようになり，それと併せて関東周辺で生産が増大，江戸は「地廻り経済」圏を確立するという話は，そのまま今日の日本経済の繁栄と衰退，そして中国や東南アジアの経済繁栄の構造の理解に示唆を与えるものだからである。加藤氏のものよりも，もう一歩踏み込んだ学びへと教師が導いていくことの方が，今の日本政府（だけでなく資源のない多くの国々）の大学政策や産業振興策，政官財と大企業との癒着構造，さらには国際的な知的財産権をめぐる問題を理解するのにも結びつく知識を生み出すことに貢献するのではないか*31。

　第二に，子どもたちに探求の主導権を握らせてしまうため，１単元当たりの所要時間が筆者の授業計画の場合よりもずっと大きなものとなり，結果として教科書で取り扱われているテーマの多くを，単元の合間に教師が教科書を講義形式で解説して伝えるという従来型のやり方で教授しなければならなくなることである。例えば「家光の『鎖国』（海禁）政策」については，明らかに筆者の開発した授業計画よりも通り一遍での扱いにならざるをえないだろう。

　第三に，民衆の生活の理解に重点を置いた全体計画のため，どうしても為政者や特権階級の人々（および彼らの生活文化）の扱いが軽く，また通り一遍になるわけだが，こうしたことが各時代の特色や構造を理解するのに阻害要因となる可能性があることである。例えば，「江戸図屏風」に見られるような江戸時代前半の都市の繁栄（好景気）は，参勤交代でやってきた大名たちや大奥の浪費，さらには将軍綱吉の寺社普請などの政策にかなり恩恵を受けている。これについて，元禄文化の豪華絢爛な作品を見たり，その当時の上流階級の風俗（例えば「伊達比べ」）を知ったり，各大名の大名行列のねらいを知ったりしなければ，理解・実感のできないところである。この欠陥も，子どもたちが歴史を通して現代社会を理解したり考えたりする上で，悪影響を与えかねない問題点である。

　歴史に時間を無限にかけることができるなら，筆者のやり方よりも加藤氏のやり方の方が理想的であることは，筆者としても認めたいところである。また加藤氏のやり方でも比較的に短時間で十分に時代の特色や構造を認識できるケースもあるかもしれない。特に原始や古代などは現代に比べて単純な社会なので，教師の側が資料を厳選し的確な質問を数個ばかり効果的に投げ

---

*31　加藤氏は，歴史教育を社会科で行う以上，各時代の特色や構造をつかませることで，現代に生きる子どもたちが民主主義社会の担い手となることができるような認識，つまり「民衆の努力と協働が歴史を発展させてきた」「民衆同士の不信と対立が争いなどの社会的混乱とその犠牲者の増大を招いてきた」という認識を保障することが重要だと論じる（加藤公明『考える日本史授業３』地歴社，2007年，194～195頁）。つまり筆者と同じく，現代民主主義社会の健全なる形成者となるために必要となる認識を歴史教育で保障していく必要があるとする立場にあると言える。

かけるのならば，子どもたちの意欲と学力によっては，加藤氏のアプローチで十分な理解を保障するかもしれない。しかし中世以降，社会がより複雑になってくると，加藤氏のやり方は，多くの子どもたち，そして多くの教師には限界なのではないか。少なくとも筆者は，中近世や近現代の複雑な世界に関するテーマのほとんどについて，1～数個の資料に注目させるだけで子どもたちに体系的な認識を保障することのできる芸当をもつ教師に，現在までお会いしたことはない。

② グループワーク中心アプローチの課題：自らの経験と学校現場の観察から

　筆者のつくる授業に対しては，「もっと子どもたちの主体的な学びを重視・尊重してはどうか」「子どもをもっと信じては」という批判がかならず出てくる。この批判は，昨今の反転学習，ジグソー法などディープ・アクティブ・ラーニングを奨励する動きの中で筆者の授業に対して投げかけられる批判である。彼らは「なぜ？」を考えさせることを必ずしも否定しない。中心発問を投げかけたり，多少の問いを教師が投げかけたりすることも否定しないのであるが，その中心は主体的なグループによる話し合いや主体的な調べ学習にあるべきで，教師の投げかける問いの数は，多くても1時間あたり3～5個に抑えるべきだと考えている。こうした提案の是非についても本章で考えてみよう。

1　有難迷惑なインターネットの存在

　反転学習でよく見られるのは，例えば「どうして17世紀に上方の商人たちは文化の担い手になるまでに成長したのだろうか」と問いかけたとして，その理由を各自調べ，それを授業に持ち寄って検討するというやり方である。

　こうした反転学習の方法は「本質的な問い（EQ）」のような，答えのない，そして多くの事例を比較検討しないと意味のある答えを引き出せない問いについて議論する場合は，大変に有効なものであろう。だが，事実についての問いである「どうして17世紀に上方の商人たちは文化の担い手になるまでに

成長したのだろうか」の場合、どうだろう。子どもたちは、塾講師や研究者、ベテラン教師、Wikipediaに至るまで様々な媒体や人々が、中高生や歴史教師向けにインターネット上にこの問いの解答について、有難迷惑なほどいろいろ具体的に解説を書いてくださっている事実がわかることになるに違いない。そしてそれを持ち込んで議論する。これも、その解説がそれぞれ異なっていたりするなら、議論を呼び起こし、再検討するきっかけとなるので、非常に意味のあるやり方となるのかもしれない。だが、いずれの解説も似通っている場合、どうなるだろう。実際、「どうして17世紀に上方の商人たちは文化の担い手になるまでに成長したのだろうか」をめぐっては、総論として、さほど歴史学者たちの間で論争があるわけではない。「論争がないのね、これが定説なのね、ふーん」となって終わりになる。これではいきなり答えとなる「定説」を知って終わりとなり、どうしてそうした「定説」が導き出されたのかわからないまま、情報を受け入れているだけとなってしまう。そして子どもたちに、複雑な社会の特質や構造を読み取る力をつけることができなくなってしまう。もちろんこの後で教師が、どうしてこのような「定説」が生まれるのか解説してもよいし、これが「定説」とされる理由を子どもたちに探求させてもよいだろうが、だいたいの答えがわかってしまった後の活動ほどつまらないことはない。

　ジグソー法を採用する場合の授業としては、例えば「どうして17世紀に上方の商人たちは文化の担い手になるまでに成長したのだろうか」という問い（MQ）を投げかけた後、子どもたちに予想させて複数の仮説を出させ、その中でより有力な仮説がどれであるのかを子どもたち自身にグループ活動などを通して導き出させていくというやり方となる。最後にクラス全体に研究成果を発表して、再議論していく。

　筆者自身、昔実験的に大学生（教育法の受講生）を相手に「どうして17世紀に上方の商人たちは文化の担い手になるまでに成長したのだろうか」という問いでこのジグソー法をやってみたことがある。「平和になって安心して商業活動ができるようになったから」「航路が開発されて大坂に物が運ばれ、

大坂の物を全国に運ぶことができるようになったから」「武士が農民の生活を本気で考えるようになってきて，生産量が増大し余剰生産物が増えて都市に流れるようになったから」。結構，面白い説も登場する——「大坂は地理上で日本の中心だから，物を集積するのに適している」。話し合いで，この中で明らかに根拠の弱い説と有力な説を分けさせてみる。「大坂は地理上で日本の中心だから」は，疑義が学生から出てきたが，他に「上方」の商人が江戸以上に栄えたことを説明する理屈も出てこないので，結局採用されることになった。そこで，インターネットなどを使ってもっと調べてよいと指示すると，あっという間に答えは画一的になった。ネット上に掲載されていたある塾講師の解説したものを全員が共有することになったからである。

2 内容的に広がるが質的に深まらない探求

仕方がないので，今度は別の年に，ジグソー法を用いるに当たっては，インターネットではなく資料集を活用させて議論させた。今度は意見が割れ，いくつか有力と考えられる説が並んだ。しかし基本的に「平和になったので，生産が増大し，地理上集積しやすい大坂に物が集まった」という世界観が壊れないので（この仮説も必ずしも間違っているわけではないが，やや牧歌的な理解である），「江戸時代，江戸と大坂とどちらの方が人口は多いのか」と問い，その後「より消費人口の多い江戸で直に原料を集めて酒や醤油，菜種油などを作った方が，効率がよいのではないか」と投げかけると，初めて学生たちは大坂の職人と江戸の職人の間の技術格差に注目するようになった。また学生たちは，商人の台頭ばかりに目が向かい，武士の地位の低下に目が向かないので，「米や商品作物がたくさん作られると，どのような現象が起きるだろう」「米価安で一番困るのは誰」「『米価安の諸色高』というけれど，どうして商品作物やその加工品はそこまで値崩れを起こしにくいのだろう」などと投げかけて，武士の地位の低下にも目を向けることにした。

結局，かなりの時間がかかってしまい，しかも振り返ると科学的探求学習化した授業を展開してしまったのである。しかし，もしこうした問いの投げかけを筆者の側がしなかったとして，自ら導き出した回答（仮説）に満足し

ている様子であった彼らは，自らの手で自分のやや牧歌的な仮説や世界観を
授業時間内で壊すことができたのだろうか（そうした動機がどこから湧いて
くるというのか）。また授業時間外で壊すことができるのだろうか。

　「なぜ」という問いについての学生や子どもたちの回答（仮説）は，時間
をかければ量的に増え内容的にも広がりをもつが，質的な深まりをもたない。
この原因について，現場の観察から筆者はわかったことがある。学生や子ど
もたちは，多くの場合，「なぜ」に対する回答（仮説）をいろいろと示すこ
とはできるのだが，それぞれの仮説を並列的にずらずら挙げるに留まり，そ
れぞれの仮説間の結びつきを体系的に整理することができないでいる（でき
ても単純な段階で留まる）のである。

　いやこれは学生や子どもたちに限った話ではない。学校の教師たちの「な
ぜ」授業にも同じような特徴を見ることができる。その一例を紹介しよう。
以下はある学生が筆者に提出してきた指導計画である。この学生は，後の筆
者の聞き取りに対して，実際に自らが受けてきて，とてもわかりやすかった
という高校世界史Ｂの授業を，資料8－2のように具体的な指導計画の形に
落とし込んだものだと語っていた。

資料8－2　「イギリス産業革命はなぜ生じたのか？」の指導計画

過程	教師の働きかけ・発問	内容・資料
導入	○イギリスにおける産業革命の成果がわかる画像資料を一部紹介する。	・当時のイギリスが，いかに他国をはるかに凌ぐ繁栄を遂げていたのか視覚的に感じ取らせる。
	■資料1：産業革命で栄えたイギリスの様子（1851年ロンドン万国博覧会）	・水晶宮：大量の鉄とガラスを使用。着工から半年で完成。 ・入場者数：約604万人 （当時のイギリス総人口の約3分の1，ロンドンの人口の約3倍もの来場者で大英帝国の威信を誇示した）
	■資料2：同時期の世界や日本の様子	1848年　諸国民の春運動（欧州）

		1853年 黒船来航
	○資料集などを参考に，イギリスの産業革命を支えた綿工業に関連して，産業革命以前のイギリスの綿事情を確認させる。 ■資料3：13世紀の挿絵「バロメッツ」 ■資料4：イギリスのインドからのキャラコ（綿布）輸入量指数のグラフ	・原料となる綿花…熱帯ないし亜熱帯性の植物（温帯でも温暖なら育つ） ・綿＝木のウール（羊毛）という誤解 ・産業革命以前，イギリスがインドから綿製品を大量に輸入していたことがわかる。 →本来，イギリスは綿工業に適した地域というわけではなかった。

◎本来インドなどを中心にアジアで行われていた綿織物産業が，17世紀後半のイギリスにおいて綿工業としておおいに発展できたのはなぜか。

	・5つのMはなぜ揃ったのか。 ○授業済みの単元の知識を用いながら，イギリスの産業革命を説明する。	・5M＝産業革命に不可欠 Money（資本），Man（労働力）， Material（資源），Market（市場）， Machine（機械）
展開1	Money：資本 ・産業革命当時，イギリスの産業形態は何か。	・問屋制家内工業や工場制手工業（マニュファクチュア）が発達した。
	・マニュファクチュアとは何か。	・資本家が労働者を仕事場に集めて，分業の方式で生産を行う形態。
	・対外収入には何があるか。 ■資料5：三角貿易（図）	・三角貿易による収入。 ・奴隷や砂糖による貿易で大きな利益をあげていた（資本の獲得）。
	・奴隷貿易で栄えたイギリスの都市はどこか。	・リヴァプールやマンチェスター（資本の蓄積）
	・同じく三角貿易で成功していたオランダは当時どうであったのか。	・イギリスとの植民地戦争に敗れて遅れをとっていた（イギリスの海上覇権の時代→イギリスは国外での原料調達などにおいて障害が少なかった）。

展開2	Man：労働力 ○農業革命を入り口にして，イギリスで豊富な労働力が確保された経緯を確認する。	・18世紀の農業革命：農業技術が三圃式からノーフォーク農法（四輪農法）へ。
	・三圃式農業の特徴は何か。	・三圃式…耕地を3つに分けて，その1つを休閑地にして毎年交替させることで地力保持を図る。
	・三圃式の様子を描いた資料の中で，冬に豚を殺しているのはなぜか。 ■資料6：三圃式を描いた資料	・冬に十分な収穫物（家畜飼料にまわす余裕）が得られないから。
	・三圃式の欠点は何か。	・収穫できない土地がある。
	○ノーフォーク農法の特徴を説明する。	・カブ→大麦→クローバー→小麦を4年周期で輪作する。カブは連作障害を防ぎ，またクローバーと併せて家畜肥料となる。 ・休閑地が不要となった。 ・一年中，家畜飼料を確保できるようになった（畜産業の安定）。
	・ノーフォーク農法の改善点は何か。	→食料生産能力が安定したことで営利目的の農業が一般化した。
	・営利目的の農業が一般化し始めると，何が起きたのか。	・穀物増産のために，第二次囲い込み運動が実施された。
	・農耕地の囲い込みを行うと何が生じるのか。	→土地を追われて労働者へ。
	・第一次囲い込みで批判があったにもかかわらず，イギリス議会が第二次囲い込み運動を支持したのはなぜか。 ■資料7：羊毛の確保が目的「羊が人を食う（トマス・モア『ユートピア』）」との批判。（もともとイギリスは毛織	・当時のイギリス議会は主に地主（ジェントリー）らで構成されていた。囲い込み運動は，地主の再土地所有を実現した。

	物工業が発達していた→繊維分野における技術の伝統性） （同時期のフランスでは自作農が多かったことに言及する）	（フランスでは労働力の確保が遅れ，産業革命でイギリスに遅れをとった）
展開3	Material：資源 ○資料集などをもとにイギリスの土地条件について確認する。 ・イギリスに資源はあったのか。 ・どうやって資源を運んだのか。	 ・炭鉱と鉄の産地が豊富。 ・運河→大量運搬が可能。
展開4	Market：市場 ○先の植民地戦争においてイギリスが植民地を所有し始めていたことを確認する。 ・産業革命によって生じた生産余剰にイギリスはどう対応したのか。 ・市場はあったのか。 ・インドに貿易機関はあるのか。 ・植民地の市場としての長所は何か。 ・イギリスはインドから綿織物を輸入できたのになぜ国内で作ろうとしたのか。 ・この後，イギリスの綿織物が世界中に出回るのはなぜか。	 ・海外に売りつけた。 ・植民地（インド）が活用された。 ・東インド会社 ・独占的な市場として利用することができる。 ・イギリス国内においてインド産の綿織物が大量に出回り，またイギリスから輸出できるものが目立たない状態にあり，綿織物に関わるイギリス経済に危機感を抱いたため（意識的な技術開発へ）。 ・イギリスが工場による大量生産を可能にして，製品の価格が比較的安価であったから。
	Machine：機械 ○技術の進行が膨大な生産を可能にしたことを確認する。	

	■資料８：力織機・紡績機の発明一覧	
展開5	・力織機と紡績機の違いは何か。	・紡績機は糸を紡ぐ機械である。力織機は糸から布を織る機械である。
	・紡績機の改良が先に行われたのはなぜか。	・毛織物工業の盛んなイギリスは，織物を作る人間はたくさんおり，その分，糸が不足する事態が蔓延していたから。
	・動力は，どのように変化したのか。	・当初は水力が主流であったが，やがて蒸気機関に移行した。
	・水力や蒸気機関といった動力は，イギリスにとってどういったメリットがあったのか。	・山がちの地形であるイギリスは，急流な川が豊富にあり，また蒸気機関の燃料となる石炭もイギリスは豊富にあった。
終結	◎イギリスにおける，産業革命に関連した農業革命の意義についてまとめさせる。	MQ に対する回答（MA）の考察へ。〔例〕イギリスはインドへ進出後，国内で綿織物が普及し，当初はインドから東インド会社を通して綿織物を輸入していた。しかし国内の綿工業の環境が整うと（５つのMの完成），材料である綿花だけを（主にインドから）輸入して他国を圧倒する生産力で綿織物を大量生産し，その余剰生産を独占市場やその他の国へ輸出することによって利益をあげて産業を発達させた。

　この授業計画は，イギリスの産業革命が５Ｍ（＝ Money（資本），Man（労働力），Material（資源），Market（市場），Machine（機械））の条件が揃ったので生まれたのだ，という見方・考え方に基づいて構成されている。授業は，冒頭で綿織物を中心としたイギリスの産業革命発生の原因（成立条件）を尋ねた上で，その成立条件には５つのＭがあることを教師の側から示し，各条件別にその確立と進展の過程を具体的に紐解いていく，という展開になっている。確かにこれら５つの条件が組み合わされて，イギリス産業革命を推し進めてきたことは間違いがない。しかし最後の部分（終結）の

MAの例にあるように，「環境（5つのM）が整った」ので，「材料である綿花だけを輸入して他国を圧倒する生産力で綿織物を大量生産し，その余剰生産を独占市場やその他の国へ輸出することによって利益」をあげるようになったというのは，明らかに誤解である。イギリスの産業革命は，5Mの全てが最初から整っていたのではなく，このうちのいくつかは後から成立した条件である。この授業計画は，産業革命の直接的な原因となったものと，結果として生じて産業革命を下支えしたものとが混在している。

　例えば，Man（労働力）はおそらく産業革命の後から生じたものである。先の授業計画では，都市にはノーフォーク法の普及と（第二次）囲い込みによって農村から追い出された失業者があふれているかのような想像すらできてしまう展開となっているが，実際，理屈から考えても，休閑地を作る三圃式に比べて休閑地を無くすノーフォーク農法の方が労働力を必要とするので，失業者を生むとは考えにくい。最近の歴史学でも，ノーフォーク農法や囲い込み政策が大量の失業者を生んだという考え方はほぼ否定されており，むしろ農業生産の拡大による人口増大で，余剰分の人口が都市に流出して工場労働者になり産業革命を支えた，と考えられるようになってきている。つまり，都市で産業革命が起きて工場が大きな利益をあげるようになり，規模も拡大するようになると，農地で小作人として働くより賃金も環境もましであると（就職斡旋者の働きもあって当時は農村でそう信じられていた），工場で働きたいと考える人間が地方から流入するようになったのであり，ノーフォーク農法による農業革命は，労働力不足に陥りそうなこの時代の状況に対して，農業生産の拡大と穀物価格の下落をもたらすことで人口増加によって対処することができた，というのが実態である。Material（資源）も，最初の紡績は水力によるものであったから，石炭の存在は産業革命の発生の要因とは言えない。蒸気機関の実用化が始まってから石炭は意味をもつようになったのであって，それは産業革命の後半である。Money（資本）も，初期の頃の綿織物生産にはさほどの資金が必要だったわけではなく，また多くは三角貿易などとは無関係な人々が，綿織物生産に従事し拡大再生産を行う中で集積

した資本によって，大きな工場を建設していった。さらにこの授業計画では取り扱われていないが，「なぜイギリスで」産業革命が生じたのかを考えるには，次の事実は外せないだろう。

・インド貿易をオランダ東インド会社とともに独占していたイギリス東インド会社は，インド産キャラコ（綿布・綿織物）を大量に輸入して国内外で販売して利益をあげた。

・それは，イギリスがもともと得意としていた毛織物産業を押しつぶすほどであり，こうした失業の危機にあった職人たちは東インド会社のキャラコ輸入を制限するように要求し，貿易赤字の原因にもなっていたので，輸入制限の法案を議会も可決した。しかし人々のキャラコへの需要は高かったので，イギリス国内では綿糸を買って自前で綿布や綿織物を生産する人たちが現れた。

・もともと毛織物の盛んだったランカシャーやヨークシャー地域で綿織物が発達した。毛織物産業の衰退に合わせ，職人たちが転職したと考えられる。紡績機や力織機の技術革新も，毛織物の技術が応用された。

　このように，資料8－2で取り上げた授業計画の内容が不正確・不十分なものとなった要因として考えられることの一つは，この教師が，古い理論を吟味もせずに「知識の構造図」に落とし込んで，先にこの図を作成してからそれに基づいて授業計画をデザインしてしまったことである。もし筆者が第4章・第5章で示したような手順を採用して教材研究をし，問いの構造図から授業づくりをするならば，かなりの確率で防げた問題であったと思われる。そしてもう一つの要因は，教師が「なぜ」の問いに対して，その回答（仮説）を要素別に並列的にずらずら挙げさせてまとめるという方針を採用してしまったためであり，それらの仮説同士のつながりの合理性を検討する機会を失ってしまったことがある。仮説を並列的に挙げるのではなく，それぞれの仮説同士の因果関係を丁寧に追う作業をするならば，こうした誤りはかな

りの確率で防ぐことができるようになる。

　ただ筆者は，こうした授業計画になってしまったより根源的な要因として，そもそも教師側に仮説間のつながりを体系的に「紡ぎ出す力がない」こと，または「紡ぎ出すことの必要を感じていない」ことがあるのではと感じており，相当の危機感を覚えている。事実，この授業計画に見られる特徴は，小中高校現場の多くの社会科の授業実践の中でも見かけるし，小中学校の社会科教科書にすら頻繁に見られる（場合によっては，高校の教科書に見られることもある）。例えば，東京書籍など何社かの小学校社会科5年生用の教科書では，太平洋ベルト地帯に工場が集まる要因を考えさせている場面があるが，いずれの会社も，「港が必要である」「（この地域は）人口が多いので働く人が多い」など，要素別に回答（仮説）がずらずら挙げられているだけで，それらの仮説同士のつながりを体系的に紡ぎ出すことをしていない。結果，いずれの会社のものも太平洋ベルト地帯の成立要因について，不十分な説明のままで終わってしまっている。人口の多い都市を近くにもつ港なら日本海側にもいくつもある。また，工場ができたから人が集まってくるのであり，人口が多い都市があることは工業地帯ができる必要条件ではない（寒村であった呉，八幡，室蘭はその典型である）。工場地帯（特に重工業を軸とする工業地帯）成立に大きな影響をもたらす製鉄所の存在（立地条件）に触れたものはほぼ無く，「集積の利益」に触れたものも少ない。

3　民主主義社会の形成者の育成という観点からの課題

　こうした我が国の「なぜ」を考えさせる学習において頻繁に見られる授業計画がもつ問題点は，民主主義社会の形成者を育成するという社会科の目標を踏まえて考えると，看過できないある見方・考え方を知らず知らずのうちに教授してしまう危険性にある。その見方・考え方とは，「全ての条件が完全に揃わないと物事が生じない」というものである。確かに物事が生じるとき，どうしても外せない条件というものが存在することは筆者も認めるところである。しかし，歴史を紐解いてみると，物事が生じる上での条件にはこうした「必要条件」だけでなく，あった方がベターであるといった「補助条

件」というものも存在する。「補助条件」は後から揃えても大丈夫なものである。何か物事が発生する時点で，これら全ての条件が完全に揃っていることなどまずない。むしろ物事が発生した後から何らかの手段を使って不足条件をカバーしていく。このことを理解しておかないと，ダイナミックな歴史の動きを理解することができなくなる。原料が不足していたり，原料調達が困難であったりするからこそ，原料を求めて植民地を築く。労働力が不足しているからこそ，奴隷を確保するために戦争を生じさせる。逆に産業革命期のイギリスは労働力がそこまで不足していないので，奴隷を国内に持ち込むことをせず，奴隷廃止を呼びかける立場に回っていくが，市場や原料供給は確保したいので，帝国主義政策は推進していく。

　さらには，「全ての条件が完全に揃わないと物事が生じない」という発想は，資金や資源その他の不足を理由に環境改善を諦めてしまうような言説を生じさせてしまいかねない。つまり決定論的・運命論的な社会認識を促しかねないのだ。2016年，2017年，2018年とセントラルリーグでは３年連続広島カープが優勝したが，10年以上前には考えられないことであった。資金はない，人気はない，球場は汚いし，練習設備も不十分で，選手はしばしば流出した。逆に巨人や阪神は資金も，人気も，設備もあった。しかし，条件の悪い中で無名選手が夢を追って挑む姿を逆に魅力として球団（と熱狂的なファン）は売り込むことで，同じ境遇で苦しむ若者たちに支持され，またユニークなグッズ販売などで野球に無関心な人々まで取り込み，全国区の人気を得た。条件が揃っているから物事が生じるのではなく，「条件の多くは後から揃えるのであり，物事のスタートは少ない資源や条件を最大に生かすことにある」。広島カープの事例もイギリス産業革命の事例も含め，歴史はしばしばこの教訓を私たちに教えてくれるのであり，これは決定論・運命論を打ち破る力強い社会認識を生むことになる。

3 問いの構造化の意義

　我が国の子どもたちの多く，いや一般の大人たちの多くが，「なぜ」の問いに対しては，仮説をずらずらと量的に並べることで対応していくことはできる。もしかしたらそれらの仮説のうちのいくつかについては，多少は相互に因果関係をもって関連づけることまでできるかもしれない。だが，それらの全てを紡いでまとめあげ，因果関係を体系的に整理することは，ほとんどの人ができないように思われる。このことは，日本の多くの人たちが，社会の特質まではつかめても，社会の構造を読み解いていく力が欠落していることを意味している。そして，これまで提案されてきた「資料の読み取り中心アプローチ」や「グループワーク中心アプローチ」の授業の多くは，このような我が国のほとんどの人々に当てはまる問題点を解決するための具体的な手はずを内包していない。森分孝治氏は次のように言う。

> 科学的理論は，長い年月をかけて，優秀な頭脳によって創造され発展させられてきたものであり，われわれが日々の生活経験を積み重ねていくことによって創造し成長させていくことのできるものではない。それゆえにこそ，意図的計画的に教授され学習されてゆかねばならないものである。

（森分孝治『社会科授業構成の理論と方法』明治図書，1978年，118頁）

　だからこそ，教師は構造化した問いを投げかける授業によって，多くの人たちが自然では（つまり日常の生活では）打ち破れない殻を破っていけるように，彼らの知的ステージをより上の段階に進展させていけるように，サポートしていく必要がある。また，そうした授業ができる「知識人としての教師」となれるように自らを磨く必要がある。一般の人々が自らの手で（ないしは仲間たちと協力して）複雑な社会の構造を体系的に読み取ることができるようにしていくために，そして誤ったメッセージを社会から導いてしまって彼ら自身が民主主義社会の形成の阻害要因となってしまわないように，教師は細心の注意を払って授業計画を設計していかねばならないのである。

第**9**章

科学的探求学習の授業プラン

本章では，筆者（渡部）の教え子で，長崎県の中学校社会科教師をしている井手口泰典教諭が作成・実践した科学的探求学習の事例を紹介しよう。筆者の理論が現場でどのような形で翻案されていくのか，その一例を示すものとなっている。

　なお，本実践は，本書の第5章・第6章の指導案作成の基本指針をそのまま反映したものではないことを断っておきたい。それは本実践が2015年度に作成・実施されたものであり，筆者が本書の第5章・第6章に示している指導案作成の基本方針を公に示す前のものだからである。また，井手口教諭が現場の実践者としてあえて筆者とは異なるやり方をとった部分もある。

　井手口教諭は次のように述べている。

　科学的であることを重視して問いの構造図を精緻に作れば作るほど，問いの数（特に下位の問い）やそれに答えるために用いる資料の数が増えていってしまうことがある。それをそのまま丁寧に生徒に提供しようとすれば莫大な時間がかかってしまう。

　まず生徒に発問する，生徒に資料を探させる，生徒が探した資料で読み取ったことをグループで共有したり書き起こしたりする，生徒が発表したことを板書にまとめる，よくわかっていない生徒がいればさらに下位の問いを投げて理解を促す……すべての発問でこれらを丁寧にやっていたのではとてもではないが授業時間内に収まりきれない。かといって，1つのテーマを2時間，3時間に分割すると，たかだか週に2時間の授業では，次の授業まで数日空いてしまい，生徒の探求過程の記憶が抜けていったり，何が一番つかみたいことだったのかがぼやけてしまったりする。したがって，できるだけ1時間1テーマでまとめてしまいたい。

　そのためには「どこか」を削って授業時間内にまとめてしまわなければならない。読者の方には，本実践を，現行の学校教育のカリキュラムの中でなるべく回数多く様々なテーマで「科学的探求学習」を取り入れていくための一つのやり方と捉えていただけると幸いである。

　まず本実践では，資料はもっぱら教師側が取捨選択したものを提供している。教科書や資料集を用いる場合も，最低限開く頁を指定し，生徒が「探す」時間

は長くとらなかった（とれなかった）。その分，渡部氏の指摘するように，「資料の登場が子どもたちの目に不自然に映ることのないように」筆者も極力配慮しているつもりである。

　次に，「極力子どもたちに配付した資料集や教科書に掲載されている資料を最大限用いること」という方針に関しては，筆者は題材や資料の掲載の仕方次第であると考えている。例えば，本実践で扱った「古代の貨幣流通」の内容は，中学校の歴史の教科書にはまずほとんど記述がない。高等学校の日本史の教科書でもそれほど記述量は多くない。本実践の教材観は後述するが，教科書や資料集に記述が少ない題材でも，社会科の目標と照らしたとき，優良と思われる題材については扱っていけるようにしたい。したがって，多くの資料を教科書や資料集外から授業プリント内に組み込むことによって補った。

　また，資料集が雄弁すぎることも授業内での扱い方によっては逆効果であると考える。本実践であれば「一遍上人絵伝」は，資料集にも掲載されていたが，あえて何も書き込みがないものを使用した。他の授業実践でも，グラフの「変化の理由」を考えさせたいのに，資料集のグラフには変化の理由がご丁寧に吹き出しで書いてあってそのまま使えないことがあった。このような場合も理由を書いてある吹き出しを消して授業プリントに掲載した。

　そして，どのような問いを立てて探求したのか，どのような資料を用いて探求したのかを復習する際にも，発問やそこで用いる資料が1〜2枚の授業プリントにまとまっていることは有効であると思われる。そこで筆者は，教科書や資料集外の資料は極力授業プリントに発問と関連づけて掲載するようにしている。

　なぜ，もっと筆者（渡部）の原則に近い実例を本書で掲載しないのかとお考えの読者もおられるかもしれない。それには次のような回答をしたい。

　おそらく，この井手口教諭のように，ほとんどの教師は筆者が本書で論じていることの全てを実行することは時間的にも制度的にも難しいのではないか。筆者の言っていることを取捨選択する（筆者はこれを「教師のゲートキーピング」[32]と呼んでいる）必要があるケースの方が圧倒的に多いのではないか。もしそうであるならば，むしろ井手口教諭の事例のように，生々しい実例の方が，本書の第一読者として想定している社会科（歴史）教師にとっ

ては共感しやすく，かつ，参考になる部分が多いのではないかと筆者は判断し，あえて掲載することにした。「おわりに」にも筆者は書いているが，社会科授業の全てを筆者が前もって全て決めることなど不可能だし，決めようとする行為は危険でもある。状況に応じて，いろいろあってよいと思う。

　以下，本章の文章は井手口教諭の筆である。

　ここでは，科学的であることを重視して精緻に作成した問いの構造図を実際に中学生もしくは高校生を対象とする授業へと実践化するにあたって，どのような点に留意したらよいかを中心に述べていきたい。本実践は，2015年度に筆者の勤務校である青雲中学校で，中学１年生全４クラス（１クラス45～49名）を対象に，２回に分けて行った（各50分で，「古代の貨幣流通」を2015年10月下旬，「鎌倉時代の貨幣流通」を2016年１月下旬）。

　青雲中学校は，長崎県にある私立中学校で，特に国公立大学医学部進学を目指す子どもたちが多い中高一貫の進学校である。中学第１学年の社会科は週４時間で，地理的分野が２時間，歴史的分野が２時間である。2015年度の中学第１学年社会科歴史的分野の授業は，筆者が一人で担当した。

　筆者の授業における使用教材は，教科書『新しい社会　歴史』（東京書籍），副教材（資料集）『グラフィックワイド　歴史』（東京法令出版），そして筆者の作成した授業用プリントの３点である。授業は「大航海時代（なぜポルトガル・スペインなどのヨーロッパの国は，この時代に，さかんにアジアに進出するようになったのだろうか）」「開国の影響と尊王攘夷運動の高まり（なぜ1866年，江戸時代で最も多く百姓一揆がおこり，大坂や江戸などの都市でも打ちこわしがおこったのだろうか）」（いずれも中学第２学年で扱う例だが……）のように原則「１時間１テーマ」で授業を計画しており，１時間の授

＊32　「教師のゲートキーピング」について，詳しくは次の図書を参考にされたい。スティーブン・ソーントン著（渡部竜也・山田秀和・田中伸・堀田諭訳）『教師のゲートキーピング―主体的な学習者を生む社会科カリキュラムに向けて―』春風社，2012年。

業で1～2枚のプリントを使用している。

　筆者の（特に歴史的分野での）授業形態は，科学的探求学習を主としたものと，やや網羅的な学習とを単元に応じて使い分けている。「自力で復習できる授業用プリント」ということに重きを置き，授業用プリントには発問や資料を掲載し，末尾には復習用の課題（中心発問に対する応答を60字～200字程度でまとめる論述）を提供している。

1 「古代の貨幣流通」の授業プラン

　「古代の貨幣流通」は中単元「古代国家の歩み」のなかで，「鎌倉時代の貨幣流通」は中単元「武士の台頭と鎌倉幕府」のなかで扱った。

　中単元「古代国家の歩み（奈良・平安時代）」では社会経済史に重きを置いて奈良・平安時代における社会・経済（・制度）的な変化やその原因を探求させている。「古代の貨幣流通」の授業は，そのなかでも特に経済的な部分に焦点をあてた単元である。子どもたちのなかには，古代においても現代のように，どの地域でも，売買や納税が「貨幣」をとおして行われていると思っている者が少なからずおり，それまでの授業での発問に対する応答でも「お金」「税金」ということばがしばしば出てきた。この単元は，そのような古代の時代観を修正する一助にもなると思われる。

　また，中学第3学年の公民的分野で「貨幣の役割」について概念的に学習することになるが，「貨幣は人々の『信用』によって成り立つ」といったことを，本単元では具体的事例をとおして学習することができる。

　中単元「古代国家の歩み」の単元計画は次のとおりである。このうち，「○○時代概略」という小単元は，年表形式の授業用プリントを完成させる網羅型の授業を行っている。それ以外の学習では，探求型の授業を心がけている。小単元「○○時代概略」は，次のような目的で設定している。①テーマ別の探求学習で扱った時系列の前後する内容を時系列で整理する。また，その後の探求学習の資料となったり，授業後の復習で時間的な位置づけを確

認したりするときに使用する。②テーマ別の授業では漏れてしまう歴史上の
できごと（特に教科書において太字で扱われている語句など）を学習する。
　中単元「古代国家の歩み」の単元計画は次のとおりである。

中単元：古代国家の歩み	全12時間
律令国家と五畿七道	1時間
奈良時代概略	1時間
律令制での地方支配と郡司の役割	1時間
朝廷の事業と行基（大仏造立・墾田永年私財法）	1時間
浮浪・逃亡した農民とその対応	1時間
平安時代概略	1時間
国司の性格の変化	1時間
荘園の変化	2時間
古代の貨幣流通	1時間〔本時〕
摂関政治と院政	2時間

「古代の貨幣流通」指導案

	主な指示・発問	予想される反応・つかませたい知識	留意点
導入			○授業用プリント「古代の貨幣流通」を配付する。
	T「（Q0-1）次のA・Bの貨幣は，どちらも古代に発行されたものである。どちらの方が古いだろうか」	S（予想）「（小さく，形も悪いため）Aではないか」	○「A．乾元大宝」と「B．神功開宝」を黒板に貼り，どちらと思うか挙手させる。正解は保留する。
	T「（Q0-2）日本で初めて貨幣が発行されたのはいつ頃か。どんな貨幣が発行	S「（A0-2）708年に『はじめて貨幣をつくる（和同開珎）』とある」	○『グラフィックワイド 歴史』9頁「年表」から探させる。

192

されたか」	Ｔ「和同開珎発行から10世紀まで，朝廷が皇朝十二銭を発行した」	○「富本銭」についても言及するが深入りしない。
Ｔ「『和同開珎』は『Ａ．乾元大宝』と『Ｂ．神功開宝』のどちらに近いだろうか」	Ｓ「（大きさや形のよさから）Ｂに近い」 Ｔ「（Ａ０−１）実はＢの方が古い貨幣である」	○「和同開珎」を黒板に貼る。 ○「なぜ新しく発行された貨幣の方が小さく形が悪いのか」という疑問をもたせ，「授業後半でわかる」として保留にする。
Ｔ「（Ｑ０−３）古代において貨幣は流通していたのだろうか」	Ｓ「（Ａ０−３）貨幣ははじめ流通していたが，だんだん流通しなくなった」	○資料１の説明後，資料１を見て選択肢の中から選ばせる。挙手させて確認する。
Ｔ「（ＭＱ）なぜ古代においては，貨幣が発行されてはじめ流通したにもかかわらず，その後あまり流通しなくなってしまったのだろうか」	Ｓ（予想）「お金で買うものがあまりなかったから」「お金より，他のものの方が交換するのに便利だったから」「質の悪いお金は使いたくなかったから」	○3分ほど時間を与え，数名指名して発表させる。
Ｔ「（Ｑ１）和同開珎をはじめとする皇朝十二銭は，当時どのような地域に流通していたのだろうか」	Ｓ「（Ａ１）畿内（大和・山城など）やその周辺（近江など）で多く見つかっていることから，これらの地域で特に流通していたと思われる」	○資料２を見て考えさせる。
Ｔ「（Ｑ２）なぜ畿内以外の地域では，貨幣が発行された当初から，貨幣が流通しなかったのだろうか」		

展開1

Ｔ「（Ｑ２－１）貨幣はどのようなところで使うか」	Ｓ「（Ａ２－１）お店，ものが売ってあるところ，市場……」	○自分のことばで書くよう指示する。 ○「以後『市場（市）』ということばで統一する」と言及する。
Ｔ「（Ｑ２－２）当時，畿内以外の地方には市場はなかったとされている。なぜだろうか」	Ｓ「食べることや税を支払うことで精一杯だったから」 Ｔ「（Ａ２－２）農業生産力が低く，余剰生産物があまりなかったから」	○資料３を指名して音読させ，資料３を見て考えさせる。 ○以後，左の表現で統一する。
Ｔ「（Ｑ３）畿内において貨幣の流通が進んだのはなぜだろうか」		
Ｔ「（Ｑ３－１）畿内（都）には貨幣を使うところ（市場）はあったのだろうか」	Ｓ「（Ａ３－１）都には東市・西市などがあった」	○『グラフィックワイド 歴史』51頁1「平城京」から探させる。
Ｔ「（Ｑ３－２）なぜ都では市場が発生したのだろうか」	Ｓ「（Ａ３－２）売るものがあったから」	○畿内以外の地域で市場がなかった理由と対比する。
Ｔ「なぜ都には物資（売るもの）が集まったのだろうか」	Ｓ「（Ａ３－２）調や庸といった税として集まったから」	○畿内だけ農業生産力が高いわけではないことに言及する。
	Ｔ「調は諸国の特産物など。庸は労役の代わりの布」	○律令税制について簡単に復習する。
展開2 Ｔ「（Ｑ４）なぜ畿内において一時貨幣が流通していたにもかかわらず，流通しなくなったのだろうか」		

194

T「（Q4−1）皇朝十二銭について，初期から後期にかけてどのような変化が起きているか」	S「（A4−1）大きさが小さくなっている。成分は銅の割合が減っている。したがって，貨幣の質は低くなっている」	○「皇朝十二銭（写真）」と「皇朝十二銭成分表」を黒板に貼る。 ○鉛の方が銅より柔らかく変形しやすいことに言及する。
T「（Q4−2）なぜ朝廷はこのような改鋳政策（新貨幣は旧貨幣の10倍の価値，旧貨幣の使用禁止など）をとったのだろうか」	S「（A4−2）質の高い貨幣を回収できたら朝廷の収入が増加するから」	○教師から説明してもよい。 ○朝廷が古い貨幣10枚と新しい貨幣１枚を交換したことに言及する。
T「『○朝廷』側と『□ものを売り買いする人々』側それぞれの立場から，貨幣が使われなくなった理由を探っていこう」		
T「（Q4−3）ものを売り買いする人々はどのように受け取った（反応した）だろうか」	S「（A4−3）新しい貨幣を受け取りたがらない。古い貨幣を売り買いに使いたがったり貯めたがったりする。自分で新しい貨幣の偽物をつくる」 T「『自分でつくった新しい貨幣の偽物』を『私鋳銭』と言う」	○私鋳銭については深入りしない（鉛は銅より融点が低く，鉛の含有量が増えると私鋳銭もつくりやすい）。
T「（Q4−4）なぜ朝廷は度々改鋳したのだろうか」	S「（A4−4）度々収入増加に期待したから（私鋳銭を無効にしたかったから）」	○私鋳銭の無効化は子どもたちから出れば軽く扱う。
T「なぜ朝廷は度々収入増加を期待しなければならなかったのか。何に出費してい	S「（A4−4）平安京の造営などの公共事業による多額の出費があった」	○『グラフィックワイド 歴史』９頁「年表」から朝廷の出費に関係

195

	Ｔ「たのか」		しそうな項目を探させる。 ○公共事業の給与が貨幣（銭貨）で支払われたことに言及する。
	Ｔ「（Ｑ４−５）なぜ改鋳するたびに質が低下したのだろうか」	Ｓ「（Ａ４−５）銅が不足（銅の産出量が低下）したから」	○「皇朝十二銭成分表」を見て考えさせる。
	Ｔ「（Ｑ４−６）度々改鋳した結果，なぜ人々は貨幣を使わなくなったのだろうか」	Ｓ「（Ａ４−６）貨幣の質の低下により，人々の信用を失ったから」	
まとめ	Ｔ「（ＭＱ１）古代において貨幣はどのような地域で流通したのか。なぜその地域で流通したのか。なぜそれ以外の地域であまり流通しなかったのか」	Ｓ「（ＭＡ１）畿内とその周辺では，全国から調や庸といった税として物資が集まり，その物資が市場で商品として販売されたが，それ以外の地域では，まだ農業生産力が低く，余剰生産物があまりなかったため」	○授業用プリント「古代の貨幣流通〜まとめ篇〜」を配付する。 ○「まとめ」の記述は課題とする。
	Ｔ「（ＭＱ２）なぜ古代においては，貨幣が発行されてはじめ流通したにもかかわらず，その後あまり流通しなくなってしまったのだろうか」	Ｓ「（ＭＡ２）朝廷は平安京の造営などの多額の出費を補うため，改鋳による一時的な収入増加に期待して，また，人々の間で多く流通していた私鋳銭を無効にしようとして，くり返し貨幣の改鋳を行ったが，銅の不足で貨幣の質は低下していった。度重なる改鋳で，質の低い貨幣に対する信用が失われたため，貨幣が流通しなくなった」	

Q1：和同開珎をはじめとする皇朝十二銭は，当時どのような地域に流通していたのだろうか。

A1：畿内（大和・山城など）やその周辺（近江など）で多く見つかっていることから，これらの地域で特に流通していたと思われる。

MQ：なぜ古代においては，貨幣が発行されてはじめ流通したにもかかわらず，その後あまり流通しなくなってしまったのだろうか。

MA：古代において，畿内とその周辺では，全国から調や庸といった税として物資が集まり，その物資が市場で商品として販売されたため貨幣が流通したが，それ以外の地域では，まだ農業生産力が低く，余剰生産物があまりなかったため貨幣が流通しにくかった。その畿内でも，朝廷が平安京の造営などの多額の出費を補うため，改鋳による一時的な収入増加に期待して，また，人々の間で多く流通していた私鋳銭を無効にしようとして，くり返し貨幣の改鋳を行ったが，銅の不足で貨幣の質が低下していった。度重なる改鋳で，質の低い貨幣に対する信用が失われたため，貨幣が流通しなくなった。

Q2：なぜ畿内以外の地域では，貨幣が発行された当初から，貨幣が流通しなかったのだろうか。

A2：農業生産力が低く，余剰生産物があまりなかったため，市場が発生しなかったから。

Q2・1：貨幣はどのようなところで使うか。

A2・1：ものが売ってあるところ，市場……。

Q2・2：当時，畿内以外の地方には市場はなかったとされている。なぜだろうか。

A2・2：農業生産力が低く，余剰生産物があまりなかったから。

Q3：畿内において貨幣の流通が進んだのはなぜだろうか。

A3：都には全国から調や庸といった税として物資が集まり，その物資が東市・西市などの市場で商品として売買されたから。

Q3・1：畿内（都）には貨幣を使うところ（市場）はあったのだろうか。

A3・1：都には東市・西市などがあった。

Q3・2：なぜ都では市場が発生したのだろうか。

A3・2：都には全国から調や庸といった税として物資が集まり，その物資が市場では商品として売買された。

Q4：なぜ畿内において一時貨幣が流通していたにもかかわらず，流通しなくなったのだろうか。

A4：朝廷は平安京の造営など多額の出費を補うため，改鋳による一時的な収入増加に期待して，また，人々の間で多く流通していた私鋳銭を無効にしようとして，くり返し貨幣の改鋳を行ったが，銅の不足で貨幣の質は低下していった。度重なる改鋳で，質の低い貨幣に対する信用が失われたため，貨幣が流通しなくなった。

Q4・1：皇朝十二銭について，初期から後期にかけてどのような変化が起きているか。

A4・1：大きさが小さくなっている。成分は銅の割合が減っている。したがって，貨幣の質は低くなっている。

Q4・2：なぜ朝廷はこのような改鋳政策（新貨幣は旧貨幣の10倍の価値，旧貨幣の使用禁止など）をとったのだろうか。

A4・2：質の高い貨幣を回収できたら朝廷の収入が増加するから。

Q4・3：ものを売り買いする人々はどのように受け取った（反応した）だろうか。

A4・3：新しい貨幣を受け取りたがらない。古い貨幣を売り買いに使いたがったり貯めたがったりする。私鋳銭を使うようになる。

Q4・4：なぜ朝廷は度々改鋳したのだろうか。

A4・4：平安京の造営などの公共事業による多額の出費があったため，度々収入増加に期待したから（私鋳銭を無効にしたかったから）。

Q4・5：なぜ改鋳するたびに質が低下したのだろうか。

A4・5：銅が不足（銅の産出量が低下）したから。

Q4・6：度々改鋳した結果，なぜ人々は貨幣を使わなくなったのだろうか。

A4・6：貨幣の質の低下により，人々の信用を失ったから。

小単元「古代の貨幣流通」の問いの構造図

197

2 「鎌倉時代の貨幣流通」の授業プラン

　中単元「武士の台頭と鎌倉幕府（平安時代末・鎌倉時代)」では，「院政」「武士の登場」「平氏政権」以降，政治権力が分散していること，武士の間に御恩と奉公を軸とする主従関係が形成されていったこと，荘園公領制のなかで重層的な土地支配がされたこと，実力社会となったこと，など中世の特徴をおさえられるテーマ・教材を選択した。

　「鎌倉時代の貨幣流通」の授業は，「古代の貨幣流通」で学習したことを螺旋的に反復する単元であり，かつ鎌倉幕府の衰退・滅亡の理解や，その後の社会経済史の理解に寄与する単元と位置づけている。本単元で獲得させたい「農業生産の向上により余剰生産物が発生し，商工業が発展するなかで，貨幣経済が浸透する（さらにはそれにともない社会階層が変化したり，都市が発展したりする)」という知識は，高等学校世界史で学習する春秋時代の中国や中世（封建社会安定期）の西ヨーロッパでの社会経済の変化にも見られる傾向であるため，その学習意義も大きい。

　中単元「武士の台頭と鎌倉幕府」の単元計画は次のとおりである。

中単元：武士の台頭と鎌倉幕府	全11時間
平安時代末・鎌倉時代概略	1時間
武士の成長	1時間
平氏政権	1時間
源平の争乱	1時間
鎌倉と征夷大将軍	1時間
将軍と執権	1時間
朝廷と幕府の支配（承久の乱，御成敗式目，地頭と領家の対立）	1時間
元寇	1時間
鎌倉新仏教	1時間

鎌倉時代の貨幣流通	1時間〔本時〕
鎌倉幕府の滅亡	1時間

「鎌倉時代の貨幣流通」指導案

	主な指示・発問	予想される反応・つかませたい知識	留意点
導入			○授業用プリント「鎌倉時代の貨幣流通」を配付する。
	T「（Q0-1）古代において貨幣が使われたことはあったか」	S「（A0-1）使われていた。皇朝十二銭」	○「古代の貨幣流通」の授業を思い出させる。
	T「（Q0-2）発行された貨幣を人々は使いつづけたか」	S「（A0-2）だんだん使われなくなった」	
	T「（Q0-3）鎌倉時代で貨幣は使われたのだろうか」	S「（A0-3）使われた」	○資料1〜3を指名し音読させる。 ○資料3の音読のあとに「銭さし（写真）」を黒板に貼る。
	T「（MQ）なぜ，平安時代末・鎌倉時代に再び貨幣が流通するようになったのだろうか」	S（予想）「市が増えた」「布より貨幣が信用できるようになった」「布だと価値がはかりにくく不便と感じるようになった」「銅の生産量が増えた」	○3分ほど時間を与え，数名指名して発表させる。
	T「（Q1）平安時代末・鎌倉時代には，どのような貨幣が使われ，誰（何）によ	T「（A1）政和通宝，元豊通宝などの貨幣が使われていた」	○「政和通宝・元豊通宝（写真）」を黒板に貼る。 ○選択肢から選ばせ子ど

って発行されたものだったのだろうか」	S（予想）「これらの貨幣は，朝廷（もしくは武家政権）が発行したのではないか」 T「（A1）実際は宋（中国）が発行した貨幣であった」	もたちに挙手させる。 ○ア・イの選択肢を打消し線などで消させる。 ○「なぜ外国の貨幣が流通したのか」という疑問をもたせておく。
T「（Q2）貨幣は主にどのような場所で使われるか」	S「（A2）市場」	○「古代の貨幣流通」の授業を思い出させる。
T「（Q3－1）鎌倉時代の市場はどのような地域で開かれているか。資料4の地図を見て，古代の主な市はどこにあったかを思い出し，比べよう」	S「（A3－1）古代では都に市が開かれていた。鎌倉時代には，畿内だけでなく，地方でも開かれている」	○資料4に注目させる。
T「この絵巻の人物は前回の授業（鎌倉新仏教）で学習した全国を遊行し踊念仏を行った人物である。誰か」	S「一遍」 T「この絵巻を『一遍上人絵伝』と言う」	○資料5『一遍上人絵伝』を黒板に貼り，福岡の市の場面を簡単に説明する。
T「（W）『一遍上人絵伝』に描かれた備前国福岡の市の様子からどのような品物が取引されているか，4つ（以上）挙げてみよう」	S「はきもの，布，米，備前焼，魚，鳥」 T「布の取引には『山王霊験記絵巻』にも登場した『銭さし』が使われている」	○授業用プリント「鎌倉時代の貨幣流通～作業＆まとめ篇～」を配付して，こちらに作業をさせる。
T「（Q3－2）市場は各地のどのような場所で開かれたのか。あなたたちが市（店）を開くならどのような場所で開くだろうか」	S「人がたくさんいるところ」「ものがたくさん集まるところ」「有力者の屋敷のそば」 T「（A3－2）寺社の門前や交通の便利なところに定期市が開かれた」「月3回	○授業用プリント「鎌倉時代の貨幣流通」に戻るように指示する。 ○『一遍上人絵伝』の福岡の市の場面で下の方に川（吉井川）が流れていることに気づかせ

展開

	の市を『三斎市』，京や鎌倉の常設の小売店を『見世棚』と言う」「『一遍上人絵伝』の福岡の市の取引に見られるようにこのような市場で貨幣が使用された」	る。
T「（Q4）なぜさまざまな品物が取引される市場が地方にまで開かれるようになったのだろうか。古代において畿内以外の地方で市場が開かれなかった理由を思い出し考えよう」	S「（A4）古代は農業生産力が低かったので，余剰生産物があまりなかった。鎌倉時代には，農業生産力が向上し，余剰生産物ができるようになったと考えられる」	
T「（Q5）なぜ鎌倉時代，農業生産力が向上したのだろうか」	S「（A5）牛馬耕の普及，鉄製農具のいっそうの普及，刈敷・草木灰などの肥料の登場，二毛作の開始」 T「『灌漑施設の整備』も重要な要素であった」	○教科書65頁「民衆の動き」を読んで書かせる（※時間がない場合は教師から説明する）。
T「（Q6）古代でも市場があったのに，貨幣がしだいに流通しなくなってしまった。では，なぜ平安時代末・鎌倉時代には，宋銭が流通しつづけたのだろうか。古代で貨幣が流通しなくなった理由を思い出し考えよう」	S「（A6）古代に流通しなくなったのは，朝廷が貨幣を改鋳するたびに，銅不足などで質が低下し，信用を失ったため」	
T「銅や銀などの鉱山開発が進んで国内で再び質の高い貨幣を発行することはなかったのだろうか」	S「江戸時代に『鉱山の採掘や精錬技術が進み…幕府は…金貨や銀貨…寛永通宝（銅貨）を…大量につくっ	○教科書112頁「諸産業の発達」を読ませる（※時間がない場合は教師から説明する）。

	て全国に流通させ』た。『このため，明銭などの中国銭は使われなくな』った」 S「したがって，江戸時代ごろまで日本国内では貨幣が発行されなかった」	
	T「ではどのようにして宋銭が流通したのだろうか。流通しつづけたのはなぜだろうか」	S「（A6）日宋貿易で輸入されたことにより宋銭が流通した。その宋銭が信用できる質で大量であったため流通しつづけた」	○『グラフィックワイド 歴史』68頁3「日宋貿易」を開かせ考えさせる。
まとめ	T「（MQ）なぜ，平安時代末・鎌倉時代に再び貨幣が流通するようになったのだろうか」	S「（MA）日宋貿易で信用できる質の銭が大量に輸入され，かつ農業生産力が向上し，余剰生産物ができるようになったため，各地の寺社の門前や交通の便利なところに市が開かれて取引がさかんになったから」	○授業用プリント「鎌倉時代の貨幣流通〜作業＆まとめ篇〜」を配付する。 ○「まとめ」の記述は課題とする。

Q1：平安時代末・鎌倉時代には、どのような貨幣が使われ、誰（何）によって発行されたものだったのだろうか。

A1：宋（中国）が発行した政和通宝、元豊通宝などの貨幣が使われていた。

Q2：貨幣は主にどのような場所で使われるか。

A2：市場。

Q3：鎌倉時代の市場はどのようなところで開かれ、どのような取引がされたのか。

Q3・1：鎌倉時代の市場はどのような地域で開かれているか。

A3・1：鎌倉時代には、畿内だけでなく、地方でも開かれている。

A3：畿内だけでなく、各地の寺社の門前や交通の便利なところに市場が開かれた。また、市場では貨幣の使用も見られた。

Q3・2：市場は各地のどのような場所で開かれ、どのような取引がされたか。

A3・2：寺社の門前や交通の便利なところに定期市が開かれ、貨幣を使用して布などの売買がおこなわれた。

MQ：なぜ、平安時代末・鎌倉時代に再び貨幣が流通するようになったのだろうか。

MA：日宋貿易で信用できる質の銭が大量に輸入され、かつ農業生産力が向上し、余剰生産物ができるようになったため、各地の寺社の門前や交通の便利なところに市が開かれて取引がさかんになったから。

Q4：なぜさまざまな品物が取引される市場が地方にまで開かれるようになったのだろうか。

A4：古代は農業生産力が低かったので、余剰生産物があまりなく、地方に市場は開かれなかったが、鎌倉時代になると、農業生産力が向上し、余剰生産物ができるようになったと考えられる。

Q5：なぜ鎌倉時代、農業生産力が向上したのだろうか。

A5：牛馬耕の普及、鉄製農具のいっそうの普及、刈敷・草木灰などの肥料の登場、二毛作の開始、灌漑施設の整備。

Q6：古代でも市場があったのに、貨幣がしだいに流通しなくなってしまった。では、なぜ平安時代末・鎌倉時代には、宋銭が流通しつづけたのだろうか。

A6：古代に流通しなくなったのは、朝廷が貨幣を改鋳するたびに、銅不足などで質が低下し、信用を失ったため。これに対して、平安時代末・鎌倉時代には、日宋貿易で信用できる質の銭が大量に輸入されたため、人々の間で流通しつづけた。

小単元「鎌倉時代の貨幣流通」の問いの構造図

　もともと，この実践は2014年に渡部竜也氏の担当する「中等社会科教育法Ⅱ」[33]の講義を受講していた山村向志氏[34]が開発した「古代・中世の貨幣流通」の指導計画を下地としている。筆者（井手口）がこの指導計画を勤務校で実践するにあたっておこなった検討についてこれから示す。

1　中心発問（MQ）

　山村案では，「なぜ，古代において貨幣が発行されたにもかかわらず貨幣の流通は衰退し，中世においては貨幣（外国の貨幣）が流通したのであろうか」というひとつの中心発問となっていた。ここには実践化する上での大きな問題が２点ある。ひとつは，１授業時間50分という学校現場で，１時間１テーマで扱うには大きすぎるテーマであること。もうひとつは，中心発問に答えていくために解決しなければならない課題が多すぎること。「なぜ古代において貨幣の流通は衰退したのか」「なぜ中世において貨幣が流通したのか」という課題に加えて「古代で流通しかけたのが国内発行の貨幣で，中世で流通したのが外国の貨幣」ということに対する疑問まで念頭に置かなければならなくなってしまう。

　そこで「なぜ古代においては，貨幣が発行されてはじめ流通したにもかかわらず，その後あまり流通しなくなってしまったのだろうか（古代の貨幣流通）」「なぜ，平安時代末・鎌倉時代に再び貨幣が流通するようになったのだろうか（鎌倉時代の貨幣流通）」という２つの中心発問に分けた。このように分けることで，50分×２時間という時間を確保することができ，かつ通史学習が現実的に求められる学校現場でも実践しやすくなる。また，「古代で流通しかけたのが国内発行の貨幣で，中世で流通したのが外国の貨幣」という知識は「この時代どのような貨幣が使われたのか」というそれぞれの授業内の下位発問（SQ）に落とすことができる。

---

[33]　「中等社会科教育法Ⅱ」では，受講生が各自，問いの構造図から科学的探求学習の指導計画を作成する。
[34]　山村向志氏は，当時東京学芸大学の学部生，現在千葉県の公立高校の教諭。

　また，まとめ（MA）に向けての授業全体の構成として，「貨幣の信用」を一番の軸としている。つまり筆者（井手口）の指導計画「古代の貨幣流通」では，貨幣は信用によって使われ，信用できなければ信用できるもの（米や布）との物々交換になるということを最も身につけさせたい知識と位置づけ，そこから離れる知識は，多少論理が粗くなることを承知の上で切り捨てた。同じく「鎌倉時代の貨幣流通」においても，貨幣の信用面を中心とした「古代の貨幣流通」の授業との対比の面を重視しており，そこから離れる知識は切り捨てた。教える立場として，精緻な理論を組み立て自身の背景的知識としてもっておくことは重要であるが，実際に子どもたちに教えるとなると，最も身につけさせたいことを軸に知識を刈り込んでいくことが求められる。

2　導入

　まずはこちらの表をみていただきたい。

	主な指示・発問	予想される反応・つかませたい知識	留意点
導入	T「（Q0-1）日本において貨幣が流通していったのはいつだろうか」	S「（A0-1）中世（鎌倉時代）から現物に代わって貨幣（宋銭）が交換手段として使われるようになった」	○高等学校日本史B教科書の記述より読み取る。
	T「（Q0-2）日本においてはじめて貨幣が発行されたのはいつか」	S「（A0-2）和同開珎は708年に発行され，以後貨幣は11回にわたって改鋳された（皇朝十二銭）」	
	T「（Q0-3）古代において貨幣は流通していたのだろうか」	S「（A0-3）初期の頃は交換手段として用いられていたが，だんだん物々交換が主な交換手段に戻っていった」	○資料「奈良・平安時代の売券にみえる等価物」

> T「(MQ)なぜ，古代において貨幣が発行されたにもかかわらず貨幣の流通は衰退
> し，中世においては貨幣（外国の貨幣）が流通したのであろうか」

　前頁の表は山村案の指導計画の導入部である。山村案の導入は確かに，中心発問（MQ）へ導くための発問構成になっている。しかし実践化する上で導入は，子どもたちの興味づけをするために，子どもたちの常識を覆すような発問で構成したいところである。

　筆者は「皇朝十二銭のうち，新しく発行された貨幣の方が古く発行された貨幣よりも小さく，形が悪い」という知識が，子どもたちの常識を覆して，彼らの古代の貨幣への興味づけを可能にすると判断した。実際に授業を行うと多くの子どもたちが，「(小さく形の悪い) 乾元大宝が古く，(大きく形のよい) 神功開宝が新しい」と予想した。しかしここから「なぜ古代においては，貨幣が発行されてはじめは流通したにもかかわらず，その後あまり流通しなくなってしまったのだろうか」という中心発問に直接つなげることは難しい。そこで次善策として一旦「なぜ新しく発行した貨幣の方が小さく形が悪いのかは，授業後半でわかる」と保留し，中心発問につながる発問（「古代において貨幣は流通していたのだろうか」）へと移ることにした。

　もう一方の「鎌倉時代の貨幣流通」では，そもそも古代において途絶えてしまった貨幣の使用が復活したという事実それ自体である程度の興味づけができそうなので，そのまま中心発問へとつなげる。その上でさらに子どもたちの常識を揺さぶる事実として「外国の貨幣を日本の貨幣として使用した」話題をもってくる。実際の授業でも多くの子どもたちが「鎌倉時代に使われた貨幣は，朝廷もしくは武家政権が発行したものだろう」と予想した。

3　発問の再構成

　1授業時間50分で1テーマを完結させるためには，最も身につけさせたい知識（貨幣流通の浸透と衰退の原因）から遠い下位発問から削っていくことが求められる。例えば，山村案では「(古代において) 農業生産力が低く，余剰生産物があまりなかった」というSA（サブアンサー）に対して，さら

に「本当に庶民の生活は（余剰生産物がないほど）困窮していたのだろうか」という下位発問を設定し，戸籍や収穫，日本人の栄養所要量の資料から，納税した上での生活が本当に困窮していることを検証していたが，こうしたプロセスは時間がかかる上，主題からはやや遠く，教える側が知っていたらよい背景的知識とみなし削除した。同様に，山村案にあった「麦は4～5世紀に日本に伝播してきたにもかかわらず，なぜ今まで二毛作は行われなかったのか」という下位発問も，地球の気温の推移の資料から，二毛作登場の背景として地球規模の温暖化を導く興味深い発問ではあるが，主題から遠くなるため削除した。発問を精選した後，授業全体の流れが自然になるように，残した発問の順番や文言を整えていく。

4　資（史）料の選択と編集

　学校現場では，授業を実施するその日その時間までに妥当な資（史）料を見つけ編集すること，また継続的に授業開発することが求められる。したがって期限までに最良の資料を見つけきれないこともある。筆者も山村案に掲載されていた資料の原典にあたることができず，使用を断念し，資料を差し替えたり発問構成を変えたりした箇所がある。

　例えば，滝沢武雄『日本の貨幣の歴史』に掲載されている，「売券に現れた平安時代貨幣流通状況」や「売券などに現れた鎌倉時代前期の銭貨流通状況」を使用するならば，数値で客観性高く，畿内とそれ以外の地域での貨幣流通状況の違いを読み取らせることができると思われる。ただ，以下にあるように「売券」「代物」など子どもたちになじみのない用語が使われているため，資料の説明や編集の際，留意する必要がある。

売券に現れた平安時代貨幣流通状況

年代 ＼ 代物・地域	銭貨			その他			山城・大和における銭貨使用の割合 (%)
	山城大和	その他	計	山城大和	その他	計	
延暦4（785）～昌泰3（900）	19	2	21	5	36	41	79.2
延喜元（901）～長保2（1000）	7	2	9	15	6	21	31.8
長保3（1001）～康和2（1100）	0	0	0	14	74	88	0
康和3（1101）～元暦2（1185）	4	3	7	203	132	335	1.9

注：代物の種類・地域の不明なものは，それぞれのその他の欄に計上した。『平安遺文』による。

売券などに現れた鎌倉時代前期の銭貨流通状況

年代 ＼ 代物	代物			計	銭貨を用いた割合（%）	
	銭貨	銭貨以外	不明		畿内	畿外
文治元（1185）～建久5（1194）	11 （9）	46 （32）	5	62 （41）	22.0	9.5
建久6（1195）～元久元（1204）	4 （3）	67 （42）	6	77 （45）	6.7	3.1
元久2（1205）～建保2（1214）	15 （15）	69 （46）	6	90 （61）	24.6	0
建保3（1215）～元仁元（1224）	53 （42）	84 （51）	6	143 （93）	45.2	22.0
嘉禄元（1225）～文暦元（1234）	77 （56）	119 （81）	11	207 （137）	40.9	30.0
嘉禎元（1235）～寛元2（1244）	53 （36）	74 （55）	12	139 （91）	39.6	35.4
寛元3（1245）～建長6（1254）	64 （47）	50 （39）	7	121 （86）	54.7	48.6
計	277 （208）	509 （346）	53	839 （554）	37.5	24.2

注：（ ）内の数字は畿内のもの。『鎌倉遺文』による。

　限られた時間内で次々と資料を読み取っていくことが求められる科学的探求学習の授業においては，一つの資料にあまり長い時間をかけるわけにはいかない。そこである程度資料の加工が必要になる。例えば，筆者の「古代の貨幣流通」での資料1は，梅村喬『日本古代財政組織の研究』をもとに作成しているが，原典の資料は次のようなかたちになっている。

奈良・平安時代の売券にみえる等価物

年　代	銭	%	稲	%	米(籾も含む)	%	絹	%	布	%	他	%	計
1.　　　～800	18	60	10	33	0	0	1	4	1	4	0	0	30 〈29〉
2.　801～850	9	33	12	44	6	23	0		0		0		27 〈27〉
3.　851～900	10	31	19	59	3	9	0		0		0		32 〈33〉
4.　901～950	5	42	6	50	1		0		0		0		12 〈12〉
5.　951～1000	8	35	13	57	2	9	0		0		0		23 〈23〉
6.　1001～1050	0	0			3	20	9	60					15 〈17〉
7.　1051～1100	0	0	2	3	34	47	35	48	0	0	2	3	73 〈77〉
8.　1101～1150	1	1	3	2	85	60	33	23	10	7	9	6	141 〈132〉
9.　1151～1185	5	2	0	0	176	78	32	14	9	4	5	2	227 〈237〉
〔参考〕 1185～1201	13	13	0	0	75	77	8	8	2	2	0	0	98 〈105〉

注：各項目の集計部分の左段の数字は対価物の総計，直物が複数の場合も対価としての意味を重視してそのまま合計した。右段の〈　〉内の数字は売券の総計。各時期の対価別％の小数点以下は四捨五入してあるので100％を前後する場合がある。直物を明記しない売券や，売券が残らず「請状」によって売買の判明する場合も売券に準じて扱った。各対価の比率は対価物総数によるもの。なお，売券の内には他史料に引用されたものを一部含む。最終段の〔参考〕は鎌倉時代の初期の傾向を知るため『鎌倉遺文』から採録した。

　このまま子どもたちに提供したのでは難解で，子どもたちの読み取りもしくは教師の解説に時間がかかりすぎるため，「売券（土地の売買のときの証文）にみえる古代の貨幣の使用の割合（貨幣，米，絹などが使用できるがそのうち何％が貨幣であったか）」と資料の名称を改め，「年代」と「銭」のところのみ掲載した（212頁に掲載した授業用プリント参照）。

　また，筆者の指導計画「古代の貨幣流通」の資料2「旧国別皇朝十二銭出

土数」は，そもそも「流通」（市での売買，土地などの売買）と「出土」（蓄財なども含む）は厳密には異なり，その点では「売券に現れた平安時代貨幣流通状況」（滝沢武雄『日本の貨幣の歴史』）がより妥当であると思われたが，流通していた地域の方が出土も多いであろうことからある程度の妥当性があるとみなし地図資料として使用した。この資料も編集の仕方でずいぶん印象が変わってくる。左が山村案に近い地図資料，右が筆者が採用した地図およびグラフ資料である。

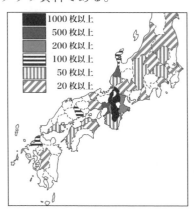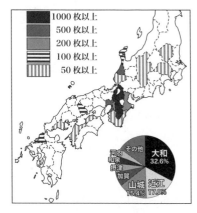

　左のように20枚以上出土した国まで色づけすると，陸奥（・渡島）から肥後まで全国的に出土していることが強調される一方で，畿内での出土が圧倒的であるという情報が視覚的に薄れてしまう。50枚以上出土した国で色づけしてもまだ全国に散らばっているが，出土した国の割合の円グラフまでつけることで圧倒的に畿内と近江に集中していることがわかる。これを，地図を除いて円グラフのみにすると，「大和」「近江」「山城」がそれぞれどこなのかを教科書などで探すという作業が必要になってしまい時間をとられることになる。右図の方がより効果的に子どもたちに読み取らせたいことをつかませることができるのではないだろうか。ただし，このことからわかるように，資料の編集は不都合な情報を消し，偏った解釈を植えつけてしまう可能性が十分にあることに留意しなければならない。すなわち教師には，子どもたちの能力や授業のなかで割ける時間にあわせた資料を作成・編集することと，

資料が恣意的なものになりすぎないように留意することの，バランスをとっていくことが求められる。

5 授業用プリントへの落とし込み

科学的探求学習の授業は，資料過多になりがちである。科学的探求学習の授業は問いの立て方，資料の選び方が重要であるため，授業を終えて家庭などでも，どんな問いが立てられていたか，どんな資料をもとに考えたか，を復習できるような教材を提供する必要がある。そこで，発問や授業で使用する資料を掲載した授業用プリントを１授業あたり１～２枚（Ｂ４もしくはＡ３判）配付するのが妥当ではないかと筆者は考えている。

筆者の指導計画「古代の貨幣流通」ではＱ４「なぜ畿内において一時貨幣が流通していたにもかかわらず，流通しなくなったのだろうか」は，さらに下位の発問（Ｑ４－１～６）が細かく，因果関係を整理しづらいため図式化し，Ｑ４－１～６は，次の「まとめ篇」に掲載した。

もう一方の「鎌倉時代の貨幣流通」では，『一遍上人絵伝』の備前国福岡の市の絵画資料から，「取引されているもの」を読み取らせたが，このような授業中盤の小休止的要素も兼ねた作業は子どもたちの集中力継続にもつながった。

先述のように，数値資料（表・グラフ）をいくつか減らすことになったが，結果的に地図資料，文章資料，絵画資料などをバランスよく使用できたのではないかと思っている。

6 授業用プリント

最後に，筆者の授業用プリントを掲載する。

「MQ」は「中心発問（メインクエスチョン）」，「Q」は「下位発問（サブクエスチョン）」，「W」は「作業（ワーク）」を表している。また，［＿］は人物名（今回は「一遍」のみ），（＿）は人物以外が入る空所（括弧）である（その他，書名は『＿』のようにルールを定めている）。授業用プリントの空所（括弧）への補充内容は，末尾に括弧の番号とともに掲載している。

古代の貨幣流通

Q0-1 次の**A・B**の貨幣(銭)は，どちらも古代に発行されたものである。どちらの方が古いだろうか？

○古い貨幣は　1　である。

空欄　1　の**予想**は(　　　　　　)→**正解**は(　　　　　　)。

A. 乾元大宝（けんげんたいほう）　　B. 神功開宝（じんぐうかいほう）

Q0-2 日本で初めて貨幣が発行されたのはいつごろか？どんな貨幣が発行されたか？（グラフィック ワイド歴史 p.9 年表）

○7世紀後半より唐にならって富本銭（ふほんせん）(683年)，(2　　　　　　　　　　)(708年)などが発行された。

○それ以後，10世紀まで貨幣は11回にわたって改鋳（かいちゅう）(新しい貨幣につくり直し)された。

これを(3　　　　　　　　　　)という。

Q0-3 古代において貨幣は流通していた(交換手段として用いられていた)のだろうか？

資料1 売券（ばいけん）(土地の売買のときの証文（しょうもん）)にみえる古代の貨幣の使用の割合(貨幣，米，絹などが使用できるがそのうち何%が貨幣であったか)

年	～800	801～850	851～900	901～950	951～1000	1001～1050	1051～1100	1101～1150	1151～1185
割合	60%	33%	31%	42%	35%	0%	0%	1%	2%

○貨幣は　4　。　→空欄　4　は，(　　　　　)。

ア．古代を通して流通していた(交換手段として用いられた)

イ．古代を通して流通しなかった(交換手段として用いられなかった)

ウ．はじめ流通していなかったが，だんだん流通するようになった

エ．はじめ流通していたが，だんだん流通しなくなった

MQ なぜ古代においては，貨幣が発行されてはじめ流通したにもかかわらず，その後あまり流通しなくなってしまったのだろうか？

予想

資料2 旧国別皇朝十二銭出土数

1000枚以上
500枚以上
200枚以上
100枚以上
50枚以上

Q1 和同開珎をはじめとする皇朝十二銭は，当時どのような地域に流通していたのだろうか？

○**資料2**より(5　　　　　)とその周辺で多く見つかっており，これらの地域で特に流通していたと思われる。

Q2 なぜ畿内以外の地域では，貨幣が発行された当初から，貨幣が流通しなかったのだろうか？

Q2-1 貨幣はどのようなところで使うか？(自分のことばで答えよう)

○(6　　　　　　　　　　　　　　　　　)

その他
大和 32.6%
河内 和泉
摂津
加賀
山城 15.4%　近江 17.0%

Q2-2　当時，畿内以外の地方には市場はなかったとされている。なぜだろうか？

資料3　山上憶良「貧窮問答歌」（『万葉集』）（現代語訳）

> …かまどでは煙をふき立てることもなく，米をむす甑には蜘蛛が巣をかけていて，米をむすことも忘れたふうで，ぬえ鳥のように嘆きうなっているのに，それでなくても短いものを，その端を切るという諺のように，むちをとった里長の租税をとりくる声が寝室にまできこえてきます。こんなにまで，やるせないものなのでしょうか，人の世の中の道とは。世の中を，身も細るばかりにつらいとは思うけれども，鳥ではないので，飛んでいってしまうこともできません。

○(7.   )

剰

Q3　畿内において貨幣の流通が進んだのはなぜだろうか？

Q3-1　畿内（都）には貨幣を使うところ（＝市場）はあったのだろうか？（グラフィックワイド歴史 p.51-1）

○都には(8.   ・   )などがあった。

Q3-2　なぜ都では市場が発生したのだろうか？

○都には全国から(9.   )として物資が集まり，その物資が市場では商品として売買された。

Q4　なぜ畿内において一時貨幣が流通していたにもかからわず，流通しなくなったのだろうか？

Q4-1　皇朝十二銭について，初期から後期にかけてどのような変化が起きているか？

○大きさは(10 ア．大きく　イ．小さく)なっている。成分は銅の割合が(11 ア．増え　イ．減っ)ている。したがって，貨幣の質は(12 ア．高く　イ．低く)なっていることになる。

○朝廷

① 質の低い貨幣（小型，銅割合低・鉛割合高）を発行

② 古い貨幣10枚と新しい貨幣1枚を交換
（朝廷が，「新しい貨幣は古い貨幣の10倍の価値」と設定）

③ （猶予ののち）古い貨幣の使用禁止

④ 質の高い貨幣を回収→朝廷の(13.   )

⑤ 古い貨幣の完全な回収（使用禁止）ができない

⑥ 新しい貨幣を使ってもらえるよう設定した価値を引き下げる

⑦ 収入増加の効果は一時的

⑧ 平安京の造営などの公共事業による
多額の出費を補うため，改鋳による収入増加に期待

⑪ 10〜20年程度でまた，より質の低い新しい貨幣に改鋳

⑫ 度重なる低い質への改鋳により，
貨幣への(17.   )を失う

⑬ 改鋳による収入増加をあきらめて，
朝廷は貨幣の発行を停止する

□ものを売り買いする人々

[1] (14 ア．新しい　イ．古い)貨幣を受け取りたがらない

[2] (15 ア．新しい　イ．古い)貨幣を売り買いに使いたがる，貯めたがる

[3] 私的に鋳造した偽物の銭（＝私鋳銭）を使用

⑨ 私鋳銭を無効にしたい

⑩ (16.   )
（産出量の低下 / 仏具への使用）

[4] 質が低い貨幣は売り手が受け取りたがらない

[5] もっと価値がはっきりした(17.   )できる
他のもの（米や絹など）を受けとりたい

[6] ものを売り買いする人々は貨幣を使用しなくなる

資料1は，梅村喬『日本古代財政組織の研究』吉川弘文館，1989年，p.191をもとに作成。
資料2は，鈴木公雄『銭の考古学』吉川弘文館，2002年，pp.174-177をもとに作成。

古代の貨幣流通〜まとめ篇〜

まとめ1 古代において貨幣はどのような地域で流通したのか，なぜその地域で流通したのか，なぜそれ
以外の地域であまり流通しなかったのかを90字以内でまとめよ。

●まとめのポイント

☆参考にするQ：Q1〜Q3

☆まとめの視点：「比較」

幣

☆まとめ方のヒント：「○○では，△△であった（ため貨幣が流通した）が，それ以外の地域では，□□であっ
たため（貨幣があまり流通しなかった）。」とまとめるのが無難。

																				30
																				60
																				90

まとめ2 なぜ古代においては貨幣が発行されてはじめ流通したにもかかわらず，その後あまり流通しな
くなってしまったのかを150字以内でまとめよ。

●まとめのポイント

☆参考にするQ：Q4

☆まとめの視点：「因果関係」…図の「→」に注目

☆授業内での口頭での問いを確認！…考えていくときのヒントになる！

Q4-1 皇朝十二銭について，初期から後期にかけてどのような変化が起きているか？

Q4-2 なぜ朝廷はこのような改鋳政策（新しい貨幣は古い貨幣の10倍の価値，古い貨幣の使用禁
止など）をとったのだろうか？

Q4-3 ものを売り買いする人々はどのように受け取った（反応した）だろうか？

Q4-4 なぜ朝廷は度々改鋳したのだろうか？

Q4-5 なぜ改鋳するたびに質が低下したのだろうか？

鋳

Q4-6 度々改鋳した結果，なぜ人々は貨幣を使わなくなったのだろうか？

☆まとめ方のヒント：「朝廷は【Q4-2，Q4-4 の答え】のため貨幣の改鋳をおこなったが，【Q4-5
の答え】で【Q4-1 の答え】となっていった。度々改鋳がおこなわれると【Q4-6 の答え】のた
め貨幣が使われなくなった。」とまとめるのが無難。

☆図の「①の具体的な内容」や，②，③，⑤，⑥，①，②，④などを細かく説明をしていると字数が足り
なくなるので削ってよい。

☆一文が長くなると，因果関係がつかみにくくなるので，適度に文を短く区切ろう。

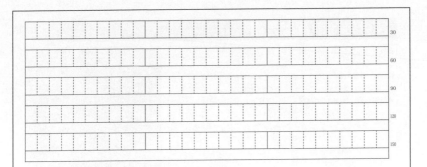

資料4　皇朝(本朝)十二銭　（貨幣は実物大）

①和同開珎
（おどうかいちん（ぽう）
（元明 708(和銅元) 年）

②万年通宝
（まんねんつうほう）
（淳仁 760(天平宝字4)年）

③神功開宝
（じんぐうかいほう）
（称徳 765(天平神護元)年）

④隆平永宝
（りゅうへいえいほう）
（桓武 796(延暦 15)年）

⑤富寿神宝
（ふじゅしんぽう）
（嵯峨 818(弘仁 9)年）

⑥承和昌宝
（じょうわしょうほう）
（仁明 835(承和 2)年）

⑦長年大宝
（ちょうねんたいほう）
（仁明 848(嘉祥元)年）

⑧饒益神宝
（じょうえきしんぽう）
（清和 859(貞観元)年）

⑨貞観永宝
（じょうがんえいほう）
（清和 870(貞観 12)年）

⑩寛平大宝
（かんぴょうたいほう）
（宇多 890(寛平 2)年）

⑪延喜通宝
（えんぎつうほう）
（醍醐 907(延喜 7)年）

⑫乾元大宝
（けんげんたいほう）
（村上 958(天徳 2)年）

資料5　皇朝十二銭成分表

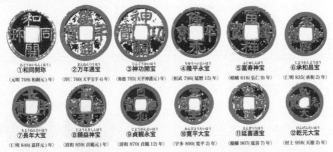

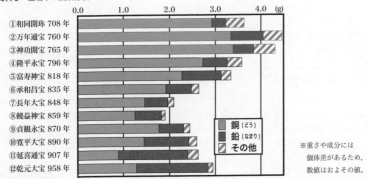

| | 0.0 | 1.0 | 2.0 | 3.0 | 4.0 (g) |

①和同開珎 708年
②万年通宝 760年
③神功開宝 765年
④隆平永宝 796年
⑤富寿神宝 818年
⑥承和昌宝 835年
⑦長年大宝 848年
⑧饒益神宝 859年
⑨貞観永宝 870年
⑩寛平大宝 890年
⑪延喜通宝 907年
⑫乾元大宝 958年

■ 銅（どう）
■ 鉛（なまり）
▨ その他

※重さや成分には
個体差があるため、
数値はおよその値。

資料5は、齋藤努・髙橋照彦・西川裕一「古代銭貨に関する理化学的研究―「皇朝十二銭」の鉛同位体比分析および金属組成分析」日本銀行金融研究所 Discussion Paper Series，2002 年，pp.50-53, pp.60-63 をもとに作成。

鎌倉時代の貨幣流通

資料1 (1179(治承3)年6月) 近頃，誰もが病に悩んでいる。皆はこれを「銭の病」と呼んでいる。(『百練抄』)

資料2 (1226(嘉禄2)年8月1日) (鎌倉幕府はものの価格を布で表すのはやめ，銅銭を用いるべきということを仰せになった。(『吾妻鏡』)

資料3 鎌倉幕府第4代将軍藤原頼経(在位1226-44)の時代に，裁判のために京都から鎌倉に下ってきた女房がいた。ところが，裁判費用や滞在費が足りなくなり，鎌倉の小町というところで金融業を営む入道がいたので20貫(=2万文)の銭を借りることにした。右の絵は，『山王霊験記絵巻』の一部で，その銭がさしの状態で入道の下人によって届けられた場面である。

○古代においては，8世紀〜10世紀にかけて皇朝十二銭が発行され，流通していたが，しだいにあまり流通しなくなってしまった。[授業用プリント] 古代の貨幣流通 「古代の貨幣流通〜まとめ篇〜」)

○しかしこのように，平安時代末・鎌倉時代(12世紀後半以降)，(₁_____)するようになった。

MQ　なぜ，平安時代末・鎌倉時代に再び貨幣が流通するようになったのだろうか？

予想

Q1 平安時代末・鎌倉時代には，どのような貨幣が使われ，誰(何)によって発行されたものだったのだろうか？

○右のような貨幣が使われていたが，

これらの貨幣は □2 によって発行された。

空欄 □2 にあてはまるものを下のア〜ウの中から一つ選ぼう。

ウを選んだら，では誰(何)が発行したのか予想しよう。

　ア．朝廷

　イ．平氏政権や鎌倉幕府などの武家政権

　ウ．その他(_____)

政和通宝　　元豊通宝

資料4 鎌倉時代の主な市

Q2 貨幣は主にどのような場所で使われるか？

○(₃_____)

Q3-1 鎌倉時代の市場はどのような地域で開かれているか？**資料4**の地図をみて，古代の主な市はどこにあったかを思い出し，比べよう。

○(₄_____)

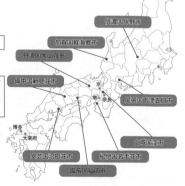

W　下の絵は『5_____』に描かれた備前国福岡の市のようすである。どのような品物が取引されているか，4つ挙げてみよう。(授業用プリント『鎌倉時代の貨幣流通～まとめ篇～」へ)

Q3-2　市場は各地のどのような場所で開かれたのか？

自分の考え

_____
_____

説明

○市場は寺社の門前や(10_____)などに定期的に開かれた。(＝11_____)
　特に月に三度開かれた市を(12_____)という。

○これに対して，京や鎌倉には常設の小売店もみられた。(＝13_____)

○このようなところで貨幣の使用がみられた。

Q4　なぜさまざまな品物が取引される市場が地方にまで開かれるようになったのだろうか？古代において畿内以外の地方で市場が開かれなかった理由を思い出し考えよう。

○古代は，(14_____)が低かったので，(15_____)があまりなかった。

○鎌倉時代には，(14_____)が向上し，(15_____)ができるようになったため。

Q5　なぜ鎌倉時代，(14_____)が向上したのだろうか？教科書p.65から探そう。(グラフィックワイド歴史p.74も参照)

16_____

Q6　古代でも市場があったのに，貨幣がしだいに流通しなくなってしまった。では，なぜ平安時代末・鎌倉時代には，宋銭が流通しつづけたのだろうか？古代で貨幣が流通しなくなった理由を思い出して考えよう。

灌漑

○古代に流通しなくなったのは，朝廷が貨幣を改鋳するたびに，(17_____)ため。

○日本の鉱山開発がようやく再び始まるのは13世紀～14世紀頃，本格化するのは16世紀後半～17世紀初頭(戦国時代～江戸時代初期)。(教科書p.112)

　→したがって平安時代末・鎌倉時代の日本国内はまだ(18_____)。

　→日本国内で貨幣は発行されなかった。

○その一方で，平安時代末・鎌倉時代には，(19_____)で(20_____)の銭が大量に輸入されたため，人々の間で流通しつづけた。(グラフィックワイド歴史p.68-3)

まとめ　平安時代末から流通しはじめた貨幣が，なぜ鎌倉時代以降も流通しつづけたのか，流通したのはどのような貨幣であったかもふまえて90字以内でまとめよ。(授業用プリント『鎌倉時代の貨幣流通～まとめ篇～」へ)

W　下の絵は『一遍上人絵伝』に描かれた備前国福岡の市のようすである。どのような品物が取引されているか，4つ挙げてみよう。

資料5　『一遍上人絵伝』

取引されているもの

① _____　② _____　③ _____　④ _____

まだ何かあるかな？⑤ _____　⑥ _____

解説

○ 絵の左はしにいる人物が [6_____] である。

○ (7_____)の取引に(8_____)が使われている。

○ 絵の下の方には(9_____)。

さしの状態の銭

> **まとめ**　平安時代末から流通しはじめた貨幣が，なぜ鎌倉時代以降も流通しつづけたのか，流通したのはどのような貨幣であったかもふまえて90字以内でまとめよ。

●まとめのポイント

☆まとめの視点：(直接ではないが，古代の貨幣流通との)「比較」「変化」

☆まとめ方のヒント：今回のポイントは大きく分けて2つ。貨幣が使われつづけるのに必要なポイントを思い出そう。

①貨幣を使う場所が存在するかどうかの問題(**Q2，Q3，Q4，(Q5)**)

②発行された貨幣がどのようなものであるかという問題(**Q1，Q6**)

			30
			60
			90

※下線部は授業用プリント中の空所（括弧）に記入すること□ぼてある。数字は空所（括弧）の番号に対応する。

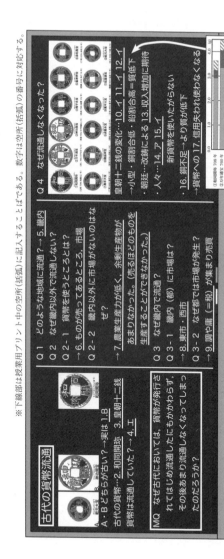

古代の貨幣流通

A・B どちらが古い？…実は 1.B　皇朝十二銭

古代の貨幣…2.和同開珎　3.皇朝十二銭

貨幣は流通していた？→4.エ

MQ なぜ古代においては、貨幣が発行されてはじめ流通したにもかかわらず、その後あまり流通しなくなってしまったのだろうか？

Q1　どのような地域に流通する？→5.畿内

Q2　なぜ畿内以外に流通しない？
Q2-1　貨幣を使うところとは？
→6.ものが売ってあるところ、市場
Q2-2　畿内以外に市場がないのはなぜ？
→7.農業生産力が低く、余剰生産物があまりなかった。（売るほどのものを生産することができなかった。）

Q3　なぜ畿内で流通？
Q3-1　畿内（都）に市場は？
→8.東市・西市
Q3-2　なぜ都では市場が発生？
→9.調や庸（＝税）が集まり売買

Q4　なぜ流通しなくなった？

皇朝十二銭の変化…10.イ 11.イ 12.イ
・小型　銅割合低　鉛割合高＝質低下
・改鋳による 13.収入増加に期待
　人々…14.ア　15.イ
・新貨幣を使いたがらない
→16.銅不足で質の低下
→貨幣への 17.信用失われ使わなくなる

古代において貨幣はどのような地域で流通したのか、なぜその地域で流通したのか、あまり流通しなかったのかを90字以内でまとめよ。

畿内とその周辺では、全国から調や庸といった税が集まり、その物資が市場で商品として販売されたが、それ以外の地域では、まだ農業生産力が低く、余剰生産物があまりなかったため。（89字）

なぜ古代において貨幣が発行されてはじめ流通したにもかかわらず、その後あまり流通しなくなってしまったのかを150字以内でまとめよ。

朝廷は平安京の造営などの多額の出費を補うため、改鋳による一時的な収入増加に期待した。また、人々の間で多く流通していた質の低い貨幣に対する信用を無効にしようとして、質の低い貨幣が発行されたため、貨幣が流通しなくなった。（147字）

※下線部は授業用プリント中の空所(括弧)に記入することばである。数字は空所(括弧)の番号に対応する。

鎌倉時代の貨幣流通

平安末・鎌倉～
1.再び貨幣が流通

MQ　なぜ、平安時代末・鎌倉時代末・鎌倉時代に再び貨幣が流通するようになったのだろうか？

Q1　誰が発行？
× 朝廷
× 武家政権
○ その他
　→ 2.宋（中国）

Q2　貨幣を使うところとは？
　→ 3.市場

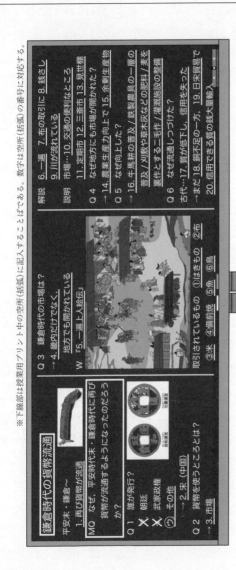

取引されているもの　①はさきもの　②布
　③米　④備前焼　⑤魚　⑥鳥

Q3　鎌倉時代の市場は？
　→ 4.畿内だけでなく
地方でも開かれている
W『5.一遍上人絵』

解説
6.一遍　7.布の取引に　8.銭さし
9.川が流れている
市場…10.交通の便利なところ
11.定期市　12.三斎市　13.見世棚

説明
Q4　なぜ地方にも市場が開かれたか？
　→ 14.農業生産力向上で　15.余剰生産物
Q5　なぜ向上した？
　→ 16.牛馬耕の普及/鉄製農具などの肥料の一層の
普及や刈敷や草木灰などの肥料／灌漑施設の整備
裏作とする二毛作　麦を

Q6　なぜ流通しつづけた？
古代…17.質が低下し、信用を失った
　→まだ18.銅不足の一方、19.日宋貿易で
信用できる質の銭大量輸入
20.信用できる質の銭大量輸入

平安時代末から流通しはじめた貨幣が、なぜ鎌倉時代以降も流通しつづけたのか、流通したのはどのような貨幣であったかもふまえて90字以内でまとめよ。

日米貿易で信用できる質の銭が大量に輸入され、かつ農業生産力が向上し、余剰生産物ができるようになったため、各地の寺社の門前や交通の便利なところに市が開かれて取引がさかんになったから。(90字)

本章のおわりに

　学校現場に出ると「一時間の授業の教材研究にそれほど多くの時間をかけられない」というのが正直な感想だろう。筆者も同感である。しかし，だから科学的探求学習の開発は諦め，すべての単元で網羅主義を採る，というのは早計である。

　例えば，次のようなやり方が考えられる。「問いの構造図」から丁寧につくった精度の高い教材は研究授業などの機会を中心に年に数本は開発し，その傍ら，次に同じ学年を担当したときに完成形に近づけることのできる「科学的探求学習予備軍」（例えば中心発問は整っているが，問いの構成や資料の精選に検討の余地があるもの）を少しでも多く開発していく。十分とは言えない形の授業を生徒に提供することに申し訳なさはあるが，いつまで経っても網羅主義の授業しかできないままよりはましである。数回同じ学年を担当すればかなりの数の科学的探求学習を織り込んだ通年カリキュラムを形成していくことができるはずである。

　少しでも多くの「科学的探求学習予備軍」を開発するためには，少しでも多くの中心発問を設定していかなければならない。普段から教科書や資料集を「なぜ」と意識しながら読んでいくことが重要となるのは当然だが，良質な大学入試問題に着想を得るというのも一つの手である。渡部氏も本書の「おわりに」において「東大や京大の社会系教科の二次試験の出題問題」を見れば受験を意識していても科学的探求学習が必要となってくると述べている（226頁参照）。これは逆に考えると，これらの入試問題は教師が中心発問を考える際の一助（そのまま使えるとは限らない）となってくれるのだ。筆者も室町時代の社会・経済の学習において，1978年の東大の日本史の問題を参考に，「なぜ初期の土一揆が畿内の地域に集中的におこり，かつ，その主力が農民であったのか」という中心発問の授業を作成した。

　また，本書で掲載した授業実践が，もともと山村氏の開発した教材を再構成したものであったように，探求学習を開発する教師や学生同士で教材を共

有して手持ちの探求学習の指導計画案（いわゆる教授書）や教材を増やしていくことも有効であると思われる。

　とはいえ，筆者も依然として科学的探求学習として開発の余地があるものの未完の単元を抱えている。現在科学的探求学習を実践されている全国の先生方，あるいは本書を読んでこれから探求学習を開発される方々とともに研鑽を積み，今後ともよりよい科学的探求学習のあり方を模索していけたら幸いである。

【主要参考文献】
・五味文彦・戸波江二・矢ケ﨑典隆ほか『新しい社会 歴史』東京書籍
・東京法令出版 教育出版部編『グラフィックワイド 歴史』東京法令出版
・梅村喬『日本古代財政組織の研究』吉川弘文館，1989年
・齋藤努・高橋照彦・西川裕一「古代銭貨に関する理化学的研究―「皇朝十二銭」の鉛同位体比分析および金属組成分析」日本銀行金融研究所 Discussion Paper Series，2002年
・栄原永遠男「貨幣の発生」『新体系日本史12 流通経済史』山川出版社，2002年，5〜41頁
・鈴木公雄『銭の考古学』吉川弘文館，2002年
・滝沢武雄『日本の貨幣の歴史』吉川弘文館，1996年

28　産業の発達

（左側）

㉘－1　全国の新田開発〈出典不明〉

㉘－2　新田開発の様子（復元模型の写真）〈出典不明〉

㉘－3　耕地面積と石高の増加（グラフ）〈速水融ほか『日本経済史1』〉

㉘－4　農具の進歩

㉘－5　農業書の刊行（『農業全書』の写真）

付録「日本で最初の閘門式運河」

（右側）

㉘－6　主な商品作物

㉘－7　綿づくりと機織り〈『耕織図屏風』〉

㉘－8　全国の特産物〈『木曽山材木伐出之図』，『佐渡鉱山金銀採掘全図』，『鯨絵巻』，ほか当時の海苔の天日干しの様子を描いた絵（出典不明）〉

「それってホント!?　江戸の宅配便大はやり」

29　都市の繁栄

（左側）

㉙－1　日本橋界隈〈熙代勝覧〉

㉙－2　江戸の町割り（地図：武家地・町人地・寺社地別で色分け）

㉙－3　大店（多田屋（復元）の写真）

㉙－4　神田上水（水道橋）〈『江戸図屏風』〉

㉙－5　米の流通（御家人・旗本が換金した米が庶民に届くまでを図化したもの）

㉙－6　長屋のくらし（絵）〈出典不明〉

「リサイクル都市　江戸」

（右側）

㉙－7　大坂の町割り（元禄時代）（地図：武家地・町人地・寺社地別で色分け。ほか，蔵屋敷の情報，市場の情報もあり）

㉙－8　立ち並ぶ問屋の蔵（『菱垣新綿番船川口出帆図』）

㉙－9　堂島の米市場〈『米穀売買出世車』〉

㉙－10　大坂でのおもな取引商品（1714年）（「全国から大坂へ」「大坂から全国へ」取引産品の出荷額が大きい方から順に棒グラフで示される）〈出典不明〉

㉙－11　主な交通路（地図：西廻り航路・東廻り航路・南海路。五街道と全国の主な街道，主な都市，主な関所）

「それってホント!?　下らぬ物があった」

おわりに

　当初は，科学的探求学習の授業実践を受けた子どもたちの様子を紹介したり，その教育効果を検討したりする章をこの後に設置するつもりでいた。しかし，理論の推進者自身の手による子どもたちの学びの様子についての報告はどこか「嘘くさくなる」「うさんくさい」ところがある。紙幅の問題もあって，結局はそのような章を今回は設置しないことにした。できれば本書を読んだ方々が各々実践し，子どもたちの様子や教育効果について，思い思いに研究して，筆者に教えてくだされればと考えている。また，本書で主張している「問いの構造図」からの授業づくりが，結局は「難しい」「できない」という場合は，どの点が難しかったのか，筆者に教えていただけると幸いである。それが本書に対して批判的な内容になっても，一向に構わない。全国に良質な社会科（歴史）の授業が広まるなら，本書が捨て石になってもよいと筆者は考えている。

　なお，筆者は本書で取り扱った「科学的探求学習」が社会科（歴史）授業の本質だとか言う気はさらさらない。現場の授業実践はバラエティに富んだものであるべきだし，その方が民主主義社会の形成者をつくるという社会科の教科目標にも合致することになるだろう。ただ，同学習が学校現場の多くで，一定の役割を果たすのではないか，と筆者は考えている。

　なお，筆者が示す指導計画には授業の時間数が考慮されていない，という批判がありそうなので，解説しておこう。筆者は，１時間単位で授業計画を作成することに心から反対している。少なくとも，科学的探求学習をつくるのに，その「１時間」という前提は邪魔である。まず思いっきり指導計画をつくってみて，そして自分が教えている子どもなら何時間あればできそうか考えるべきなのであって，そういった意味で授業は「逆向き設計」であるべきだ。つまり時間が先ではなく，やるべきことが先なのだ。第１章で紹介した指導計画Ｂは，優秀な高校生が相手なら１時間程度，普通の高校生なら２〜３時間程度，中学生や学力が十分ではない高校生なら４〜５時間，小学生

なら10時間くらい必要だろう。卒論や博論を書くに当たって，先に頁数を決めないのは，研究にどのくらいの頁数が必要となるのかは，テーマや研究方法に左右されるからであり，それらの決定に先行して決めることなどできないからである。科学的探求学習だって同じだ。

　もちろん授業に使える時間は現実には無限ではないだろうから，本書の第9章の井手口実践にも見られるような多少の調整は必要になるだろう。しかし，第1章の指導計画Bや第3・4章で作成した指導計画が資料集の複数頁分で作成されているように（例えば本書224頁の「参考」にあるように，指導計画Bの場合は『歴史資料集』の「28　産業の発達」「29　都市の繁栄」の計4頁分，つまり2～3時間分で作成），教科書のいくつかの頁をまとめることができるように再編することで，時間数をある程度確保するなど，いろいろ工夫はできるはずだ。

　受験を意識していたら筆者の言っているようなことなんてできない，という人もいるだろう。そういった方は，東大や京大の社会系教科の二次試験の出題問題を是非とも見てほしい。「なぜ～なのか，説明せよ」という問題が多いことに気づくはずだ。こうした問題に子どもたちが答えることができるようになるために，科学的探求学習はむしろ必要となってくるのではなかろうか。むしろ教師は，なぜ東大や京大はこうした入試問題を出題するのか考えてもらいたい。確かに私立大学や国立大学の一部には極めて粗悪な入試をしている学校があることは筆者も認めるところだが，少なくとも日本の最高峰の大学は，筆者が本書の中で議論したような認識の下で，真の学力を有している生徒を選抜しようとしてこうした問題を出題しているのだ。そして最近では，そのことを裏づけるような本も出版されている。例えば，本書を書いている頃，西岡壱誠という東大生が書いた『東大思考』（東洋経済新報社，2020年）という本が出版されたが，この中で東大生が日頃から「なぜ」「どうして」と考える癖をつけていることが指摘されている。そしてそのことが彼らの考える技術と地頭力をつけているのだと説明する。西岡氏は「『才能』なんて不要です」と言い切っている。筆者も基本的に西岡氏と同じ見解だ。

　筆者が東京学芸大学の社会科教育法担当教員であるにもかかわらず，本書で示される指導計画の書式・形式が東京都もしくは東京学芸大学の推奨するものと違うからけしからん，という方もいるかもしれない。筆者に言わせれば，けしからんのは，教師の実践する授業の多様性を無視して形式を先に決めているそうした教育行政や大学のやっていることである。問いから授業をつくろうとする今回の提案は，指導計画をつくるに当たって，左側を教師の発問に設定する方が合理的であるし，書きやすい。それは森分孝治氏の頃からなされてきたことである。指導計画の左側を「子どもの活動」にすることが学校現場では多いが，これを形式として固定させてしまうことにいったいどのような意味があるのだろうか。指導計画の左側を子どもの活動にすることで，子どもの活動を主にして，教師をサポート役として示したいのかもしれないが，授業での子どもたちの活動の大半は，教師の指示・発問から事が生じる現実を無視している。

　指導計画の書式・形式も授業時間も，授業の実態を無視して教室の外の者があらかじめ決めてしまうことは，大変にナンセンスである。それは，本当はある程度，教室のカリキュラムにも言えることだろう。だから読者の教室の授業の全てを筆者が決めることなどできない。できることは，アイデアを提供すること，代案を提供することだけである。

　本書はもともと，筆者の東京学芸大学の教職課程「中等社会科教育法Ⅱ」の講義内容を再構成したものである。その意味で，これまで同講義を受講してきた学生たち，そしてそれを曲がりなりにも現場で実践・応用してくれた井手口教諭をはじめ元学生たちとのやりとりの中で本書は生まれてきたと言ってもよい。その点，協力してくださった皆さんに感謝したい。また，筆者が若い駆け出しの高校教師だったときに，筆者のつたない探求学習を受講してくれた当時の生徒たちと，そうした高校に筆者を採用してくださった関係者にも本当に感謝である。特に，学力の低い子どもたちと格闘した日々は，教育学に向き合う筆者の姿勢を，「どうして社会科教育を研究せねばならないのか」という根源のところから問い直してくれるもので，筆者の今日を決定

づけた。

　最後に，本書の出版を快く引き受けてくださり，構成への多大なアドバイスを下さった明治図書出版の及川誠氏のご厚意に，改めてお礼を申し上げたい。

コロナで学生指導が困難なので本書を作成した

2020年6月26日　　渡部　竜也

【著者紹介】

渡部　竜也（わたなべ　たつや）
1976年広島生まれ。東京学芸大学教育学部准教授。博士（教育学）。
主著に，『主権者教育論—学校カリキュラム・学力・教師』（春風社，2019），『歴史総合パートナーズシリーズ⑨　Doing History：歴史で私たちは何ができるか？』（清水書院，2019），『"国境・国土・領土"教育の論点争点—過去に学び，世界に学び，未来を拓く社会科授業の新提案』（共編著，明治図書，2014）。
日本社会科教育学会評議員，全国社会科教育学会理事。

井手口　泰典（いでぐち　たいすけ）
1989年福岡生まれ長崎育ち。青雲高等学校・青雲中学校教諭（社会科）。
東京学芸大学教育学部卒業後，学校法人青雲学園で教鞭を執り現在に至る。全国社会科教育学会会員。

社会科授業づくりの理論と方法
本質的な問いを生かした科学的探求学習

2020年11月初版第1刷刊　ⓒ著　者　渡　部　竜　也
2024年1月初版第5刷刊　　　　　　　井　手　口　泰　典
　　　　　　　　発行者　藤　原　光　政
　　　　　　　　発行所　明治図書出版株式会社
　　　　　　　　　　　　http://www.meijitosho.co.jp
　　　　　　　　（企画）及川　誠（校正）西浦実夏
　　　　　　　　〒114-0023　東京都北区滝野川7-46-1
　　　　　　　　振替00160-5-151318　電話03(5907)6703
　　　　　　　　ご注文窓口　電話03(5907)6668
＊検印省略　　　　組版所　長野印刷商工株式会社

Printed in Japan　　　　ISBN978-4-18-342923-0
もれなくクーポンがもらえる！読者アンケートはこちらから→